全国中等职业技术学校汽车维修专业教材

汽车发动机拆装与维修实训

人力资源和社会保障部教材办公室组织编写

中国劳动社会保障出版社

图书在版编目(CIP)数据

汽车发动机拆装与维修实训/刘锋主编.—北京:中国劳动社会保障出版社,2010
全国中等职业技术学校汽车维修专业教材
ISBN 978-7-5045-8577-6

Ⅰ.①汽… Ⅱ.①刘… Ⅲ.①汽车-发动机-装配(机械)-专业学校-教材 ②汽车-发动机-车辆修理-专业学校-教材 Ⅳ.①U464.06 ②U472.43

中国版本图书馆CIP数据核字(2010)第180761号

中国劳动社会保障出版社出版发行
(北京市惠新东街1号 邮政编码:100029)
出 版 人:张梦欣
*
新华书店经销
中国铁道出版社印刷厂印刷装订
787毫米×1092毫米 16开本 10印张 210千字
2010年9月第1版 2019年12月第11次印刷
定价:21.00元

读者服务部电话:(010) 64929211/84209101/64921644
营销中心电话:(010) 64962347
出版社网址:http://www.class.com.cn
http://zyjy.class.com.cn

前　言

随着汽车的逐步普及和交通运输业的发展，汽车保有量大幅增加，社会对汽车维修专业技能人才的需求日益增大，对其知识和技能的要求也在不断提高，这就对相应的职业教育和培训提出了更高、更新的要求。为了更好地满足社会对汽车维修专业技能人才的需求，满足中等职业技术学校汽车维修专业的教学需要，我们在广泛调研的基础上，组织行业企业专家、职业教育研究人员、学校一线骨干教师共同开发了本套全国中等职业技术学校汽车维修专业教材。

本套教材包括：《汽车文化》《汽车结构》《汽车识图》《汽车维修基础》《钳工与焊工基本技能》《汽车电路知识与基本操作技能》《汽车发动机构造与维修》《汽车电控发动机构造与维修》《汽车发动机拆装与维修实训》《汽车底盘构造与维修》《汽车底盘拆装与维修实训》《汽车底盘与车身电控技术》《汽车电气设备构造与维修》《汽车电气设备拆装与维修实训》《汽车自动变速器构造与维修》《汽车维护实训》《汽车故障诊断》等。

本套教材具有以下特色：

第一，以国家职业标准《汽车修理工（中级）》为依据，结合企业的用人要求，科学定位教材内容，体现汽车维修的技术发展和时代特征。

第二，综合考虑专业能力培养和教学操作性。本套教材采用模块化的教学设置，分为基础、发动机、底盘、电气、维护和选修 6 大模块。在车型选择上，尽量选用具有代表性的常见车型，增强教学的适用性。

第三，注重综合职业能力的培养。一方面选取了大量来源于企业和工厂的实际案例，营造真实的工作情境；另一方面设置了较大篇幅的实训内容，针对发动机、底盘、电气、维护还开发了相应的实训教材，培养学生扎实的汽车维修技能。

第四，教材编写采取新的模式，注重激发学生的学习兴趣，引导学生自主学习。教材编写中制作和拍摄了大量高质量的图片，避免大段文字的罗列，实训教材采用图表化的编写体例，符合学生的认知规律。

第五，本套教材配套开发了完善的教辅资源，包括习题册、教学参考书、多媒体教学课件等。

本套教材的编写得到了广东、广西、山东、山西、江苏、河北、陕西、四川、内蒙古等省（自治区）人力资源和社会保障部门，以及众多职业技术学校的支持和帮助，对此我们表示衷心的感谢。

人力资源和社会保障部教材办公室

2010 年 7 月

简　介

发动机是汽车的重要组成部分，本书通过讲解发动机拆装加深学生对发动机结构的认知，进而练习常见的清洗、检测、零部件更换作业，强化学生的操作技能。本书为实训教材，通过设置典型的实训项目，锻炼学生的动手能力和职业素养，为后续专业课程的学习奠定扎实的基础。全书分为发动机总体结构认识和解体、零部件的清洗与检测、发动机的装配与调试、零部件的更换四个课题，采用大量高质量的图片详细讲解作业内容，对于学生操作技能的培养具有较好的效果。各项目后配有评价环节，便于学生总结和提高。

本书由刘锋主编，施保连副主编，张弛、杭晓林、王力、尤春飞参加编写。

目　　录

课题一　发动机总体结构认识和解体

任务1　发动机总体结构认识

实训目标：

1. 了解发动机2大机构、5大系统的功用。
2. 掌握发动机2大机构、5大系统的组成。
3. 能够说出发动机上各部件的名称。

实训设备：

1. 桑塔纳2000AJR发动机拆装翻转台架1台，桑塔纳2000整车1台。
2. 桑塔纳2000AJR发动机教材、维修手册1套，发动机的相关挂图、图册若干。

一、桑塔纳2000AJR发动机在整车中的位置

汽车发动机是汽车的动力源泉，为整个汽车提供动力。除个别型号的汽车外，一般轿车的发动机通常安装在车头箱中。

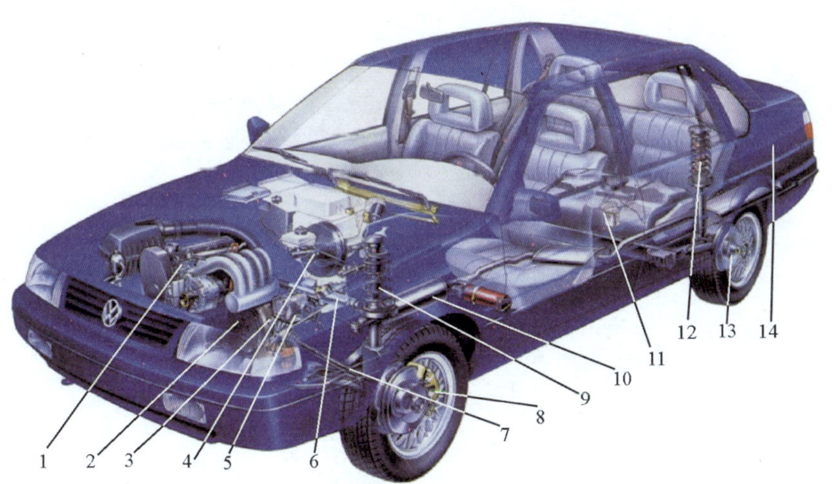

1—AJR发动机　2—离合器　3—变速器　4—真空助力器　5—防抱死制动系统（ABS）　6—动力转向器　7—传动轴　8—盘式制动器（前轮）　9—前悬架　10—排气系统　11—燃油箱　12—后悬架　13—鼓式制动器（后轮）　14—车身

二、AJR 发动机技术参数

项　　目	参　　数	项　　目	参　　数
发动机代码	AJR	最大扭矩时转速	3 800 r/min
排量	1.781 L	使用汽油标号（研究法辛烷值）	90 RON
缸径	81 mm	喷射控制系统	M3.8.2
冲程	86.4 mm	点火系统	M3.8.2
压缩比	9.5	爆燃控制	有
功率	74 kW	自诊断	有
额定功率时转速	5 200 r/min	λ 控制	有
最大扭矩	155 N·m		

三、AJR 发动机总体结构

1. 作用

发动机的作用主要是将燃料燃烧的热能转化成机械能，并对外输出。

2. 组成

汽油发动机基本上都是由 2 大机构和 5 大系统组成：曲柄连杆机构、配气机构、燃油供给系统、润滑系统、冷却系统、电控系统和进、排气系统。

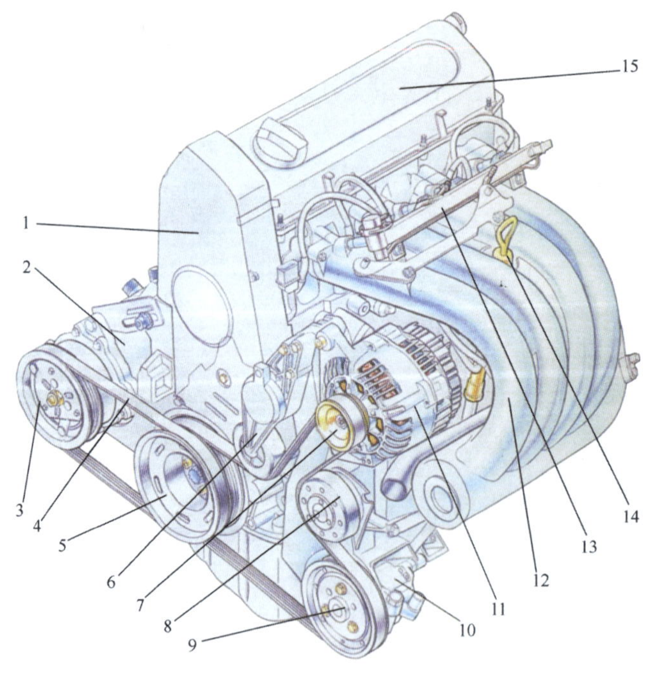

1—正时带护罩　2—空调压缩机 A/C　3—空调压缩机带轮　4—多楔带　5—曲轴带轮
6—张紧轮　7—发电机带轮　8—导向轮　9—动力转向泵带轮　10—动力转向泵
11—发电机　12—进气歧管　13—燃油分配管　14—机油尺　15—气缸盖罩

四、电控系统

1. 作用

电控系统的作用主要是保证发动机在不同工况下实现最佳的燃油喷射和点火时机，从而达到最佳的经济性、动力性和排放。

2. 组成

电控系统一般由3部分组成：电控单元（ECU）、传感器和执行器。

（1）电控单元

桑塔纳2000AJR发动机的电控单元（ECU）采用的是博世M3.8.2系统，其作用是根据各种传感器输入的信号及内存信息，进行判断、运算、处理后，确定最佳的喷油和点火控制等信号，并将其输送给喷油器、点火器等执行器。

（2）传感器

传感器的作用是检测发动机运行中有关的各种信息（水温、转速等），并将检测结果转变为电信号输入电控单元。桑塔纳2000AJR发动机的传感器主要有空气质量计、爆燃传感器、凸轮轴位置传感器、发动机转速传感器、进气温度传感器、节气门位置传感器、冷却液温度传感器、氧传感器。

（3）执行器

执行器的作用是接受电控单元（ECU）输出的控制信号，进行相应的动作。桑塔纳2000AJR发动机的执行器主要有活性炭罐电磁阀、喷油器、点火控制组件、节气门控制部件（怠速）。

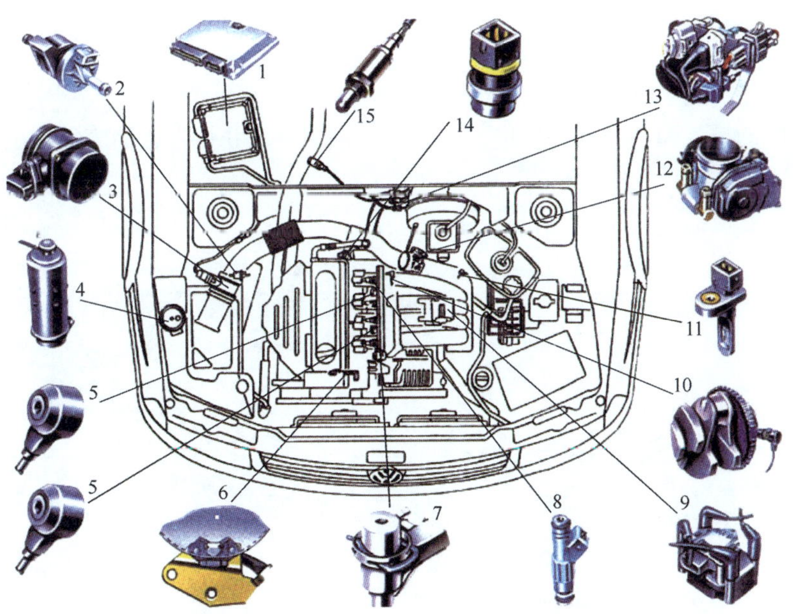

1—电控单元 2—活性炭罐电磁阀 3—空气质量计 4—活性炭罐 5—爆燃传感器
6—凸轮轴位置传感器 7—燃油压力调节器 8—喷油器 9—点火控制组件
10—发动机转速传感器 11—进气温度传感器 12—节气门控制部件
13—传感器插头支架 14—冷却液温度传感器 15—氧传感器

五、燃油供给系统

1. 作用

将燃油以一定的压力输送入气缸，以供燃烧。

2. 组成

包括燃油箱、电动汽油泵、供油管、燃油滤清器、喷油器、燃油压力调节器、活性炭罐、回油管等。

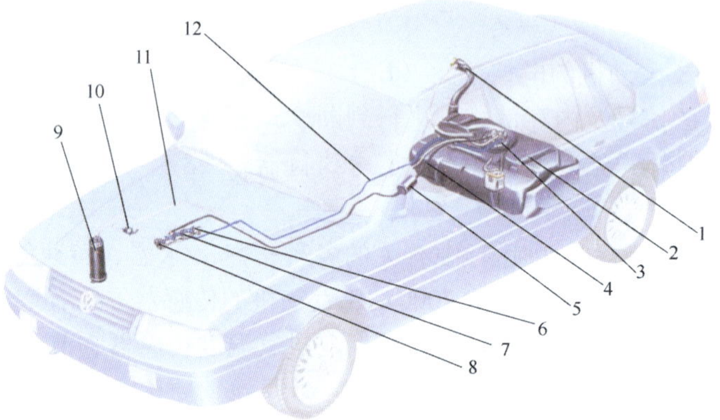

1—加油口　2—燃油箱　3—电动汽油泵　4—供油管　5—燃油滤清器
6—燃油分配管　7—喷油器　8—燃油压力调节器　9—活性炭罐
10—活性炭罐电磁阀　11—燃油箱油气排放管　12—回油管

六、进、排气系统

1. 作用

提供新鲜的空气和汽油混合气进入气缸，以供燃烧，并将生成的废气排出发动机。

2. 组成

包括空气滤清器、进气软管、进气歧管、排气歧管、三元催化转化器、消声器等。

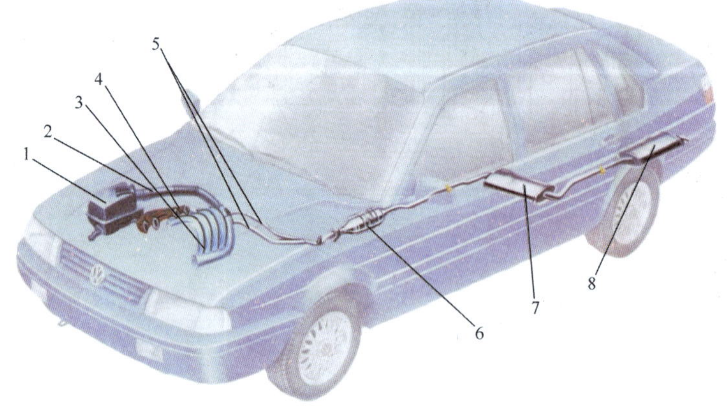

1—空气滤清器　2—进气软管　3—进气歧管　4—排气歧管
5—双排气管　6—三元催化转化器　7—中间消声器　8—主消声器

七、冷却系统

1. 作用

使工作中的发动机得到适度冷却，并保持发动机在最适宜的温度下工作（工作温度一般为 80 ~105 ℃）。

2. 组成

包括散热器、导风护罩、电动风扇、齿型带轮、冷却液泵、气缸体水套、气缸盖水套、发动机水套排气管、节气门热水管、膨胀箱、热敏开关等。

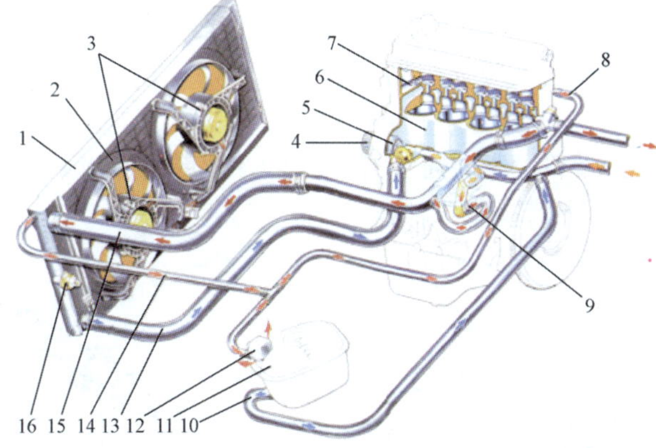

1—散热器　2—导风护罩　3—电动风扇　4—齿型带轮　5—冷却液泵　6—气缸体水套　7—气缸盖水套
8—发动机水套排气管　9—节气门热水管　10—膨胀箱管　11—冷却液膨胀箱　12—膨胀箱盖
13—冷却液下橡胶软管　14—散热器排气管　15—冷却液上橡胶软管　16—电动风扇双速热敏开关

八、润滑系统

1. 作用

将润滑油供给到作相对运动的零件表面，以减小摩擦阻力，减轻机件磨损，并部分冷却摩擦零件，清洗零件表面。

2. 组成

包括气缸盖主油道、气缸体主油道、连杆油道、曲轴油道、机油泵、机油滤清器等。

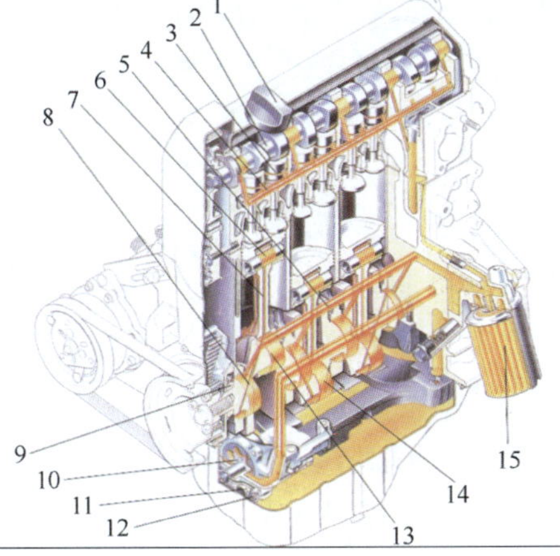

1—加机油口盖　9—曲轴链轮
2—凸轮轴轴颈　10—机油泵
3—液压挺柱　11—机油泵链轮
4—气缸盖主油道　12—链条
5—气缸体主油道　13—曲柄销轴颈
6—活塞销　14—曲轴主轴颈
7—连杆油道　15—机油滤清器
8—曲轴油道

九、配气机构

1. 作用

定时将各气缸进气门和排气门打开和关闭，使可燃混合气及时充入气缸，并及时从气缸内排出废气。

2. 组成

主要由气门组和气门传动组两部分组成。

（1）气门组

主要由液压挺柱、气门锁片、上气门弹簧座、气门弹簧、气门油封、气门导管、进气门座、排气门座、排气门、进气门等组成。

（2）气门传动组

主要由曲轴正时齿型带轮、正时齿型带、水泵齿型带轮、张紧轮、凸轮轴正时齿型带轮、凸轮轴油封、半圆键、凸轮轴等组成。

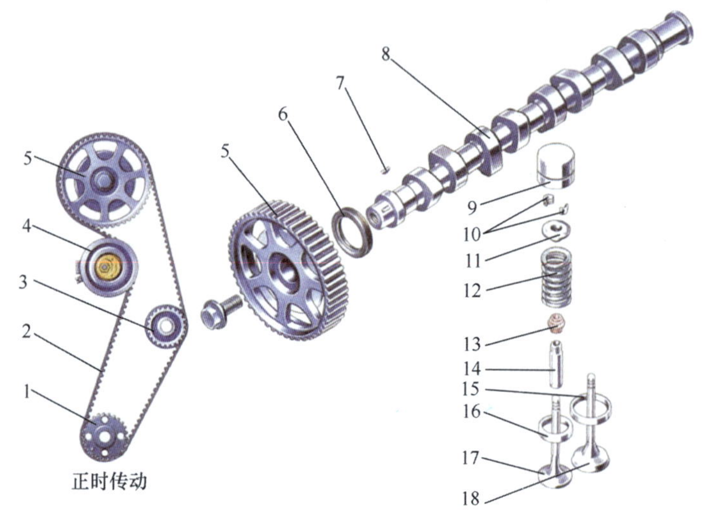

1—曲轴正时齿型带轮　2—正时齿型带　3—冷却液泵齿型带轮　4—张紧轮
5—凸轮轴正时齿型带轮　6—凸轮轴油封　7—半圆键　8—凸轮轴　9—液压挺柱
10—气门锁片　11—上气门弹簧座　12—气门弹簧　13—气门油封　14—气门导管
15—进气门座　16—排气门座　17—排气门　18—进气门

十、曲柄连杆机构

1. 作用

将燃料燃烧时产生的热能转变为活塞往复运动的机械能，再通过连杆将活塞的往复运动变为曲轴的旋转运动，并对外输出动力。

2. 组成

主要由机体组、曲轴带轮、曲轴正时齿型带轮、曲轴链轮、曲轴、主轴承轴瓦、连杆、连杆轴瓦、活塞销、气环、油环、活塞、飞轮、止推片等组成。

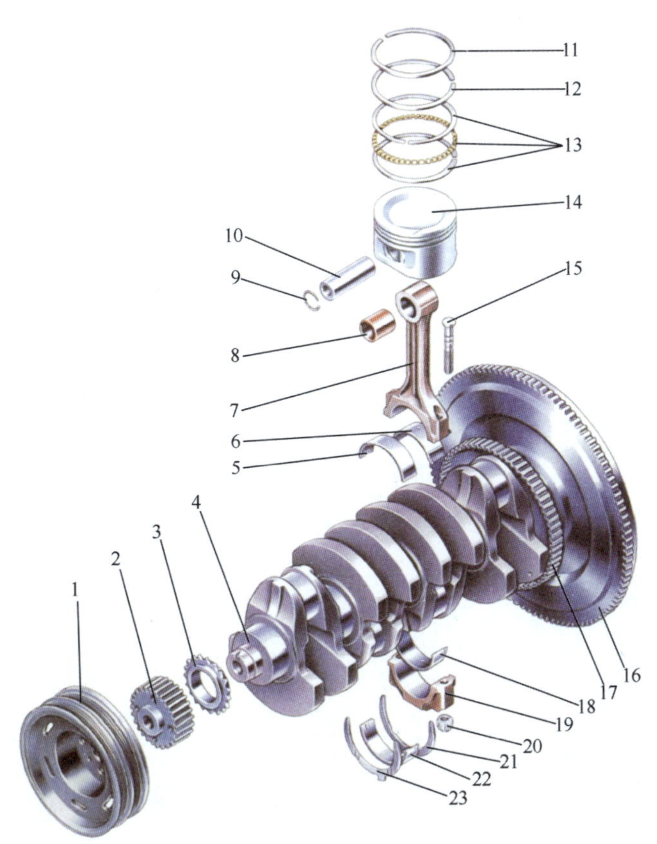

1—曲轴带轮 2—曲轴正时齿型带轮 3—曲轴链轮 4—曲轴 5—主轴承上轴瓦
6—连杆大头上轴瓦 7—连杆 8—连杆小头轴瓦 9—卡环 10—活塞销
11—第一道气环 12—第二道气环 13—油环 14—活塞 15—连杆螺栓
16—飞轮 17—转速传感器脉冲轮 18—连杆大头下轴瓦 19—连杆盖
20—连杆螺母 21、23—止推片 22—主轴承下轴瓦

实训报告：

1. 对照整车，说出发动机燃油供给系统和进、排气系统的分布位置。
2. 对照实物，正确说出发动机外部零件的名称。
3. 叙述发动机冷却系统的组成及作用。
4. 叙述发动机润滑系统的组成及作用。

任务 2　外围部件的拆卸

实训目标：

1. 了解发动机外围部件（包括各传感器、执行器）的名称及安装位置。
2. 能够完成发动机外围部件的拆卸。
3. 掌握拆卸发动机外围部件的注意事项。
4. 掌握燃油供给系统泄压的方法和注意事项。

实训设备：

1. 桑塔纳 2000AJR 发动机拆装翻转台架 1 台，零件车 1 台，工具车 1 台。
2. 常用工具 1 套，桑塔纳专用工具 1 套，油盆 1 个，水盆 1 个，抹布若干。
3. 桑塔纳 2000AJR 发动机教材、维修手册 1 套，发动机的相关挂图、图册若干。

技能训练：

一、操作前准备工作	
	1. 学生将工位清理干净，准备好相关的工具、物品等。 2. 将发动机拆装翻转台架准备好，并安全固定。 3. 如果是第一次拆卸，需要对拆卸的零件及其顺序做详细记录，以保证装配时不出错。 提示： ◆培养良好的工作习惯，做好事前准备，有利于安全操作和提高工作效率。

二、燃油供给系统泄压	
	1. 关闭点火开关，使发动机电路不通电。

2. 找到熔丝继电器插座板，找到燃油泵熔丝（10 A），在下图所示5号位置。

提示：

◆熔丝继电器插座板位于仪表台左侧下方。

◆该项操作的主要目的是使电动燃油泵不工作。

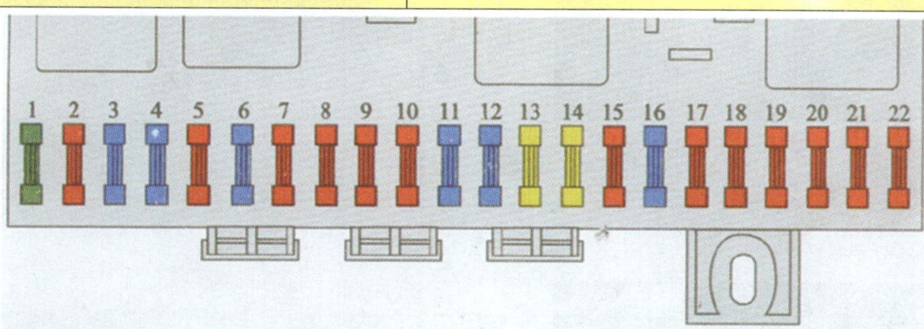

3. 起动发动机，待其自动熄火后，关闭点火开关。

提示：

◆该项操作的主要目的是释放燃油供给系统的燃油。

◆因燃油泵不工作，所以连续打2～3次火，可将系统中的燃油烧净。

三、断开发动机电源（拆下蓄电池）

1. 拧松蓄电池负极柱螺栓，取下负极导线。
2. 使之可靠离开负极柱。
3. 拆下蓄电池正极导线。
4. 搬出蓄电池。

提示：

◆该项操作的目的是避免拆卸过程中造成电路短路事故发生。

◆拆卸蓄电池时，一般先拆负极，后拆正极；安装时相反。

◆蓄电池搬运时不可倾斜。

注意：

桑塔纳2000蓄电池的容量为54 A · h 。

四、断开燃油管路

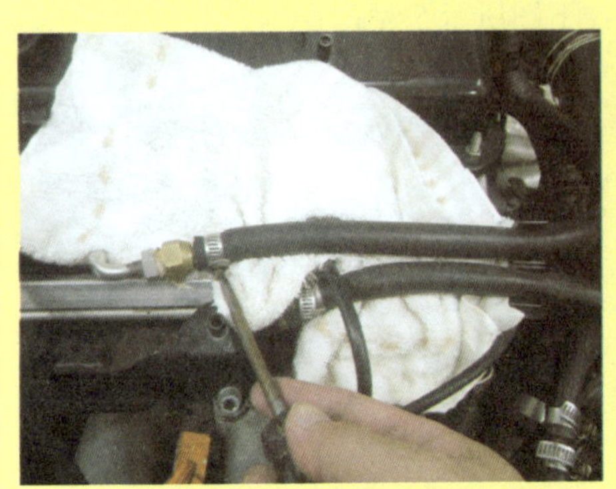

1. 断开进油管和回油管。

(1) 用螺钉旋具拧松油管卡箍螺栓。

(2) 依次拔下进油管和回油管。

提示：

◆断开油管时用干净毛巾将油管接头包住，以防燃油泄漏。

◆区分进、回油管可看箭头标记。

2. 在油管上插上堵头。

提示：

◆将堵头插入断开的油管内，以减少燃油流失，防止污物进入油管而污染燃油。

五、放净机油

1. 将油盆置于发动机油底壳放油螺栓正下方。

2. 放净机油。

提示：

◆为使机油排放干净，需将气缸盖罩上的机油盖拧下来。

注意：

桑塔纳2000AJR发动机必须使用API标号SJ级或以上级别的机油，牌号为SAE5W-40。

<table>
<tr><th colspan="2">六、放净冷却液</th></tr>
<tr><td></td><td>1. 先将水盆置于散热器的下方，正对散热器出水口处。
提示：
◆桑塔纳车型散热器上没有设计放水阀，冷却液的排放是通过拆卸散热器下水管来实现的。
◆冷却液添加剂 G12 具有防冻、防腐、防垢和提高沸点的特性。</td></tr>
<tr><td>
</td><td>2. 将散热器下水管的卡箍松开，拉开水管，让冷却液流入盆中。
提示：
◆在放冷却液的同时需将储液罐盖打开，以使冷却液能及时流尽。
注意：
桑塔纳 2000AJR 发动机使用 TLVW774D 标准的防冻防腐剂 G12（红色）。发动机冷却液箱的容积为 6 L。</td></tr>
<tr><td></td><td>3. 拆下发动机上水管、下水管。
（1）用螺钉旋具拧松水管卡箍。
（2）拔下水管。</td></tr>
</table>

<table>
<tr><th colspan="2">七、拆下电控系统传感器和执行器</th></tr>
<tr><td>
</td><td>1. 拔下喷油器导线插头。
（1）在燃油分配管上找到喷油器导线插头。
（2）用手捏住1缸喷油器插头后端卡子，拔下喷油器导线插头。
（3）依次拔下其余三缸喷油器导线插头，取下整个线束。
提示：
◆拔插头时，先用手将两侧卡子捏住，然后往外拉。
◆不得拉拽导线。</td></tr>
<tr><td></td><td>2. 拔下凸轮轴位置传感器插头。
用手捏住插头后端卡子，拔出插头。
提示：
◆该插头位于凸轮轴齿轮的外侧。
◆拔插头时要注意技巧，不得乱拔乱拽。</td></tr>
<tr><td>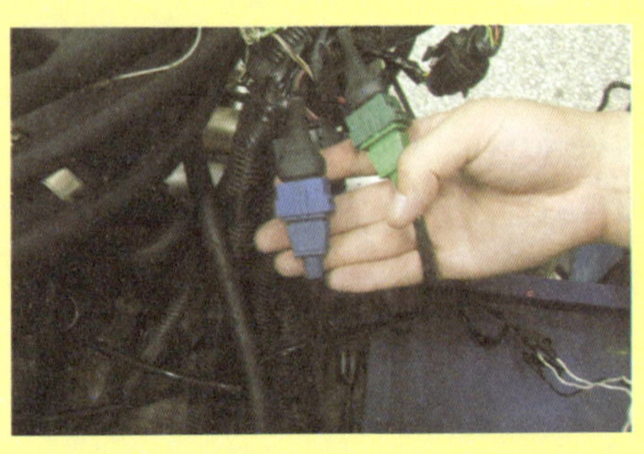</td><td>3. 拔下转速传感器插头。
4. 拔下两个爆燃传感器插头。
5. 拔下氧传感器插头。
提示：
◆该插头位于发动机里侧。
◆用手捏住插头后端卡子，拔出插头。</td></tr>
</table>

6. 拔下冷却液温度传感器插头。

7. 拔下空调水温开关。

提示：

◆该插头为 4 针式。

◆位于发动机后端出水三通处。

8. 拔下进气温度传感器插头。

用手捏住插头后端卡子，拔出插头。

提示：

◆该插头为 2 针式。

◆位于发动机节气门后。

9. 拔下机油压力传感器插头。

用手捏住插头后端卡子，分别拔下高、低压插头。

提示：

◆桑塔纳 2000AJR 发动机装有高、低压两个机油压力传感器插头。

◆机油压力传感器线束为单线，负极搭铁。

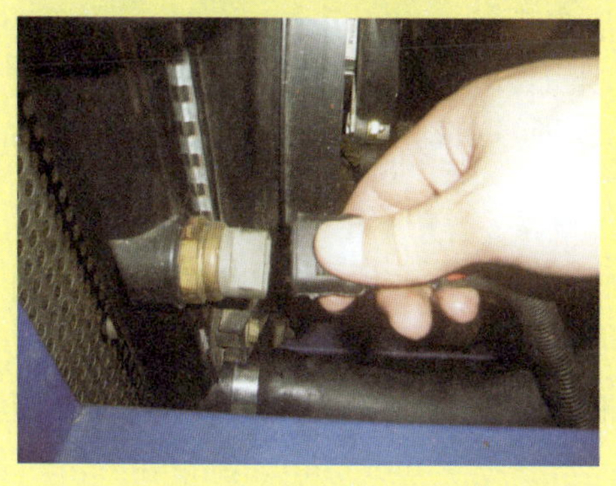

10. 拔下散热器热敏开关插头。

用手捏住插头后端卡子，拔出插头。

提示：

◆该插头为 3 针式。

◆位于散热器左侧处。

<table>
<tr><td></td><td>11. 拔下空气流量计插头。
用手捏住插头后端卡子，拔出插头。
提示：
◆该插头为 5 针式，1 号线脚为空脚。
◆位于空气滤清器壳侧空气流量计上。</td></tr>
<tr><td>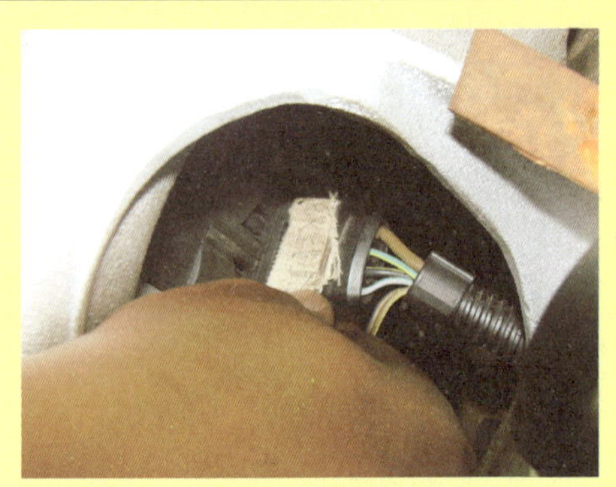</td><td>12. 拔下点火模块的插头。
提示：
◆该插头为 4 针式。
◆位于进气歧管的背面，拔插头时要注意技巧。</td></tr>
<tr><td colspan="2">八、拆下进气管路软管</td></tr>
<tr><td></td><td>1. 拆下空气滤清器。
提示：
◆从滤清器壳中取出滤芯时，要尽量避免滤芯抖动，目的是避免吸附在滤芯上的沙尘掉入进气管。
◆使用干净棉纱擦拭滤清器盖及下体内壁，将尘土等清除。
◆禁止擦拭安装在滤清器盖上的空气流量计。</td></tr>
<tr><td></td><td>2. 清洁滤芯。
用吹气枪使压缩空气按照与滤芯工作时空气流动的相反方向吹拂滤芯，将滤芯上吸附的沙尘吹尽。
提示：
◆吹拂滤芯时会有尘土飞扬，操作人员应佩戴口罩。
◆如果滤芯达到使用期限或损坏应及时更换。</td></tr>
</table>

3. 拆下透气软管。

(1) 拔下软管固定卡销。

(2) 取下透气软管。

提示:

◆位于气缸罩盖与进气软管处。

◆主要用于曲轴箱透气。

4. 拔下燃油分配管真空管。

提示:

◆燃油分配管位于调压器处。

◆主要用于控制油压调节器的动作。

九、拆下节气门体上的管路及附件

1. 拆下节气门体上各管路。

(1) 拔下进气软管。

(2) 拆下节气门拉索。

(3) 拔下制动助力装置的真空管。

(4) 拔下活性炭罐过滤器阀的真空管。

2. 拔下节气门传感器插头。

用手捏住插头卡子，拔下节气门传感器插头。

提示:

◆节气门插头共有7脚，位于节气门体上。

◆节气门传感器具有节气门开度信号和怠速控制功能。

<table>
<tr><td></td><td>3. 拆卸节气门预热水管（两根）。
用鲤鱼钳夹住水管卡箍，依次拆卸两根预热水管。
提示：
◆预热水管主要起进气预热和防止节气门轴冻结的作用。</td></tr>
<tr><td colspan="2">十、拆下剩余的水管</td></tr>
<tr><td></td><td>依次拔下以下水管：
1. 拆下节气门体上的进气预热水管。
2. 拆下空调暖风水管。
3. 拆下散热器上的冷却液管。
提示：
◆这里的水管及接头较多，要能正确认识每根水管的流向，主要有以下几个：
1. 通往节气门体。
2. 通往空调暖风装置。
3. 通往散热器和冷却液泵。</td></tr>
<tr><td>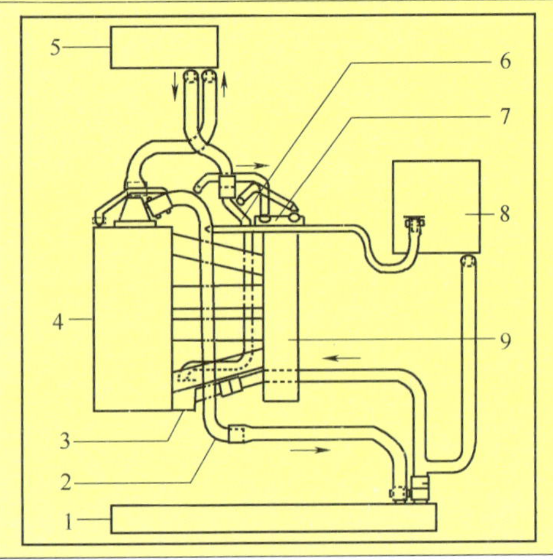
</td><td>冷却系统布置图
1—散热器　2—上冷却液管　3—冷却液泵节温器　4—气缸体　5—暖风系统热交换器　6—下冷却液管　7—节气门体　8—冷却液储液罐　9—进气歧管</td></tr>
</table>

十一、拆下发电机	
	1. 拆除火花塞高压线。 用火花塞高压线专用拆装钳依次拆下4根高压线。 提示： ◆为使发电机拆卸方便，需把高压线先拆掉。 ◆四缸发动机的点火顺序一般为1—3—4—2。 ◆AJR发动机4根高压线长度不同，对应不同的缸。
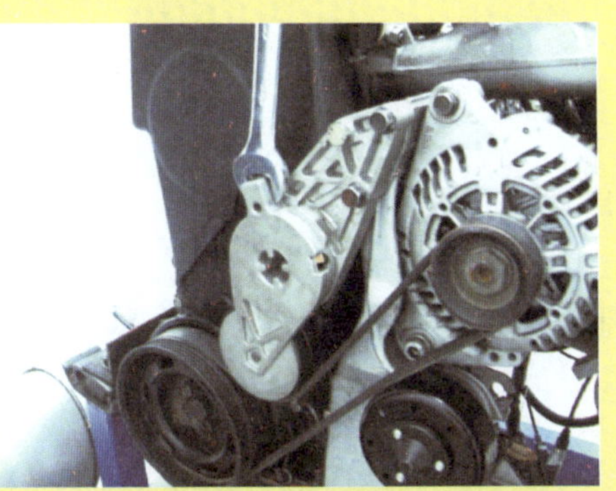	2. 拆下发电机传动带。 （1）用专用工具扳住传动带张紧器。 （2）使用销钉固定住张紧器。 （3）取下发电机传动带。 （4）取出销钉。 提示： ◆若发电机传动带拆卸后不更换，应在传动带上做好方向记号。
	3. 拆下发电机固定螺栓。 （1）拧下发电机上固定螺栓。 （2）拧下发电机下固定螺栓和螺母。 提示： ◆下固定螺栓较难拆，操作时不是很方便，应注意安全。
	4. 拆下发电机连接导线。 （1）拆下发电机电源导线固定螺母。 （2）拆下发电机指示灯导线固定螺母。 （3）取下发电机。 提示： ◆发电机后端接线柱符号： D＋　接仪表充电指示灯； B＋　接蓄电池“＋”。

5. 拆除传动带张紧器。

（1）拧下传动带张紧器3个固定螺栓。

（2）取下传动带张紧器。

十二、拆下发动机进、排气管

1. 取出发动机机油尺。

提示：

◆机油尺的作用是检查发动机机油量。

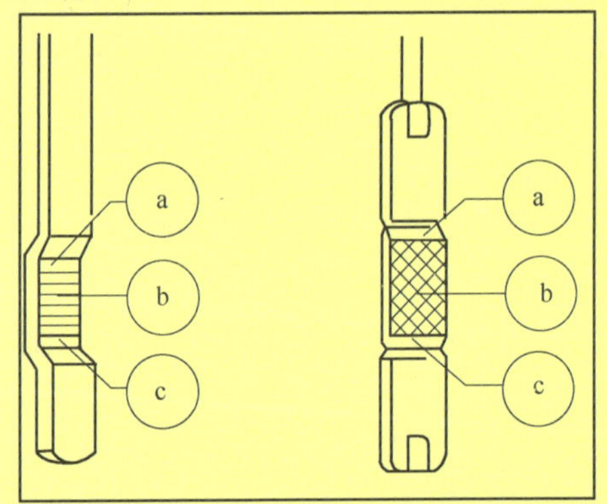

2. 机油尺标记。

a——不必加注机油；

b——可以加注机油；

c——必须加注机油。

提示：

◆机油液面不能超过机油尺上 a 标记所处位置。

3. 拆下燃油分配管总成。

（1）拧下燃油分配管的2个固定螺栓。

（2）将燃油分配管连同喷油器一同取下。

提示：

◆燃油分配管的作用是将恒定压力的燃油输送到各缸喷油器。

◆燃油分配管上设有燃油压力调节器、进油管、回油管和喷油器插孔。

	4. 拆下喷油器。 用尖嘴钳拔下喷油器卡簧，取下喷油器。 提示： ◆取下喷油器，注意保管喷油器密封圈，不要丢失。 ◆取下喷油器后，应及时将进气歧管上孔堵住，以防杂物掉入。 ◆喷油器的作用是根据发动机 ECU 的喷油脉冲信号，将一定量的燃油以雾状喷入进气管内，使燃油和空气混合形成可燃混合气。
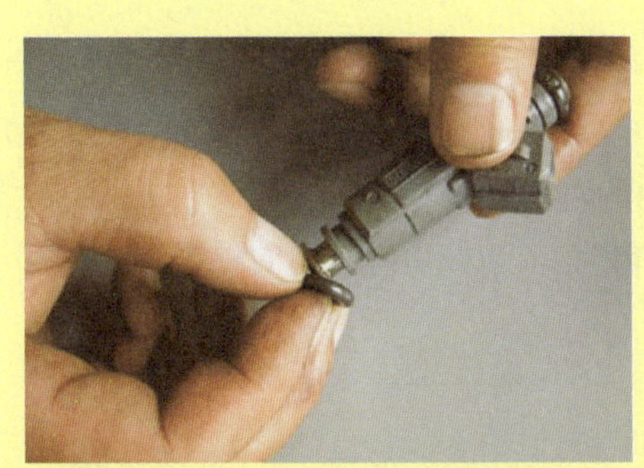	5. 取下喷油器上的 O 形密封环圈。 提示： ◆如果难以取下可以涂抹一点机油润滑。 ◆O 形密封圈的作用是密封进气歧管，如果损坏会造成发动机进气系统漏气，影响发动机正常工作。
	6. 拆下进气歧管。 （1）拧下进气歧管 8 个固定螺栓。 提示： ◆拆卸进气歧管固定螺栓时，应按照由外向内、对角的顺序，分 2～3 次拧松螺栓。
	（2）取下进气歧管。

	(3) 取下进气歧管垫。 提示: ◆进气歧管垫的作用是加强密封，如果损坏会造成漏气，引起发动机怠速不正常的故障。 注意: 进气歧管垫不可重复使用。
	7. 拆下排气歧管。 (1) 拧下隔热罩4个固定螺栓，拆下排气管隔热罩。 提示: ◆隔热罩位于排气歧管上。 ◆主要起排气隔热作用。 ◆拆卸螺栓时应按由外向内的顺序，分2~3次拧下。
	(2) 依次拧下排气管4个固定螺栓，拆下排气管。 提示: ◆拆卸排气管固定螺栓时，应按照对角的顺序，分2~3次拧松螺栓。
	(3) 拧下排气歧管8个固定螺栓，取下排气歧管。 (4) 取下排气歧管接口垫。 提示: ◆螺栓组拆卸方法同进气歧管固定螺栓。 注意: 排气歧管接口垫不可重复使用。

十三、拆下起动机

1. 拆下起动机线束。

（1）拆下起动机电源导线固定螺母，取下电源导线。

（2）拔下起动机控制导线插头。

2. 拆下起动机。

（1）拆下起动机 3 个固定螺栓。

（2）取下起动机。

提示：

◆起动机一般固定在变速器壳体上。

十四、拆下机油滤清器总成

1. 用机油滤清器扳手拧下机油滤芯。

2. 拆机油滤芯座。

（1）依次拆下机油滤芯座固定螺栓。

（2）取下机油滤芯座。

提示：

◆分 2 ~ 3 次拧松机油滤芯座固定螺栓。

<table>
<tr><th colspan="2">十五、拆下惰轮、压缩机支架</th></tr>
<tr><td></td><td>拆下惰轮、压缩机支架的 6 个固定螺栓，取下压缩机支架。</td></tr>
<tr><th colspan="2">十六、拆下节温器</th></tr>
<tr><td></td><td>1. 拆下节温器壳及下水管。
提示：
◆节温器壳由 2 个螺栓固定。</td></tr>
<tr><td></td><td>2. 取下节温器壳。</td></tr>
<tr><td></td><td>3. 取出 O 形密封圈。
提示：
◆O 形密封圈不可重复使用。</td></tr>
</table>

发动机外围部件拆卸完后，如左图所示。

训练评价

考核要求：

1. 在规定的时间内完成发动机外围部件的拆卸，使之符合技术标准。
2. 在操作过程中出现的违规操作，应及时指正。
3. 符合安全文明生产的要求。

考核标准：

考评标准表——外围部件的拆卸

考核时间	考核项目	分值	评分标准与指导	评价结果
40 min	正确使用工具	10	工具使用不当酌情扣分，并指正	
	燃油供给系统泄压	5	按要求酌情扣分，并指正	
	断开发动机电源	2	按要求酌情扣分，并指正	
	断开发动机燃油管路	5	按要求酌情扣分，并指正	
	排放机油、冷却液	7	按要求酌情扣分，并指正	
	拆电控系统传感器和执行器	8	按要求酌情扣分，并指正	
	拆进气管路软管	5	按要求酌情扣分，并指正	
	拆节气门体上的管路及附件	4	按要求酌情扣分，并指正	
	拆其他水管	4	按要求酌情扣分，并指正	
	拆发电机	8	按要求酌情扣分，并指正	
	拆进、排气管	16	按要求酌情扣分，并指正	
	拆起动机	4	按要求酌情扣分，并指正	
	拆机油滤清器总成	7	按要求酌情扣分，并指正	
	拆惰轮、压缩机支架	2	按要求酌情扣分，并指正	
	拆节温器	3	按要求酌情扣分，并指正	

续表

考核时间	考 核 项 目	分值	评分标准与指导	评价结果
40 min	整理工具、清理现场	10	每项扣2分，扣完为止	
	遵守相关安全操作规范		因违规操作发生人身和设备事故，终止考核，成绩按0分计 超时每分钟扣2分，超时5 min终止考核	
	分数合计	100		

实训报告：

1. 叙述拆卸进、排气管的注意事项。
2. 叙述燃油系统泄压的方法及注意事项。

任务3 配气机构的拆卸

实训目标：

1. 了解发动机配气机构的组成，能说出各零部件的名称。
2. 能够完成发动机配气机构的拆卸。
3. 掌握拆卸发动机配气机构的注意事项。

实训设备：

1. 桑塔纳2000AJR发动机拆装翻转台架1台，零件车1台，工具车1台。
2. 常用工具1套，桑塔纳专用工具1套，标记笔1支，抹布若干。
3. 桑塔纳2000AJR发动机教材、维修手册1套，发动机的相关挂图、图册若干。

技能训练：

一、操作前准备工作

1. 学生将工位清理干净，准备好所需的工具、物品等。

2. 检查拆装翻转台架完整情况、是否安全固定。

提示：

培养良好的工作习惯，做好事前准备，有利于安全操作和提高工作效率。

二、拆卸正时带

	1. 拆下正时带上护罩。 (1) 分别取下两侧的护罩搭扣。 (2) 先稍用力提拉一下，然后取下护罩。 提示： ◆护罩主要起防止灰尘、油、水、杂质等进入，保护正时带的作用。
	2. 拆下正时带中护罩。 (1) 依次拧下护罩的 3 个固定螺栓。 (2) 取下护罩。 提示： ◆检查护罩上的上止点记号是否完好。

3. 拆下曲轴传动带轮。

（1）用专用工具固定住飞轮。

（2）依次拧下带轮 4 个固定螺栓。

（3）取下带盘（如连接较紧可用橡皮锤轻轻敲击）。

提示：

◆检查带盘上的上止点记号是否完好。

4. 拆下正时带下护罩。

（1）依次拧下护罩的 2 个固定螺栓。

（2）取下护罩。

5. 松开正时带张紧轮。

(1) 用专用工具固定张紧轮。

(2) 拧松张紧轮固定螺栓。

(3) 取下张紧弹簧。

提示：

◆张紧轮主要起防止传动带松弛的作用。

6. 取下正时带。

提示：

◆如果重复使用正时带，要在带上画一个方向箭头（按发动机旋转的方向）。

◆正时带上不可沾水、油。

◆正时带不可折、不可压重物。

7. 拆下正时带张紧轮。
(1) 拆下张紧轮螺母。
(2) 取下张紧轮。

三、拆卸气缸盖

气缸盖的主要作用是封闭气缸上部，并与活塞顶部和气缸壁一起构成燃烧室。

气缸盖结构如下：

(1) 气缸盖内部制有冷却水套，缸盖下端面的冷却水孔与缸体的冷却水孔相通，利用循环水来冷却燃烧室等高温部分。

(2) 气缸盖上还装有进、排气门座，气门导管孔和火花塞孔。

1. 拆下正时带后护罩。
(1) 依次拧下护罩的 2 个固定螺栓。
(2) 取下护罩。

	2. 拆下凸轮轴正时齿轮后护罩。 （1）依次拧下固定护罩的2个固定螺栓。 （2）取下护罩。
	3. 拆下气门室罩盖压条螺母。 提示： ◆依次拧下固定压条的剩余6个螺母。
	4. 取下机油加注口盖。

<table>
<tr><td>
</td><td>5. 取下气门室罩盖压条。
提示：
◆依次取下两根压条。</td></tr>
<tr><td></td><td>6. 取下气门室罩盖。</td></tr>
<tr><td></td><td>7. 取出机油反射罩。
提示：
◆反射罩的作用是使凸轮轴轴承能更好地润滑。</td></tr>
</table>

8. 取出气门室罩盖密封垫。

提示：

◆密封垫的作用是密封气门室防止机油渗出。

9. 拆卸气缸盖固定螺栓。

提示：

◆按照图中编号 1 ~ 10 的顺序，依次分 2 ~ 3 次拧下气缸盖固定螺栓。

注意：

如果不按正确顺序拆除螺栓，将有可能损坏气缸盖。

10. 取出气缸盖固定螺栓。

提示：

◆依次用套筒或吸棒取出气缸盖固定螺栓。

◆注意每个螺栓对应的位置不要搞错。

<table>
<tr><td>
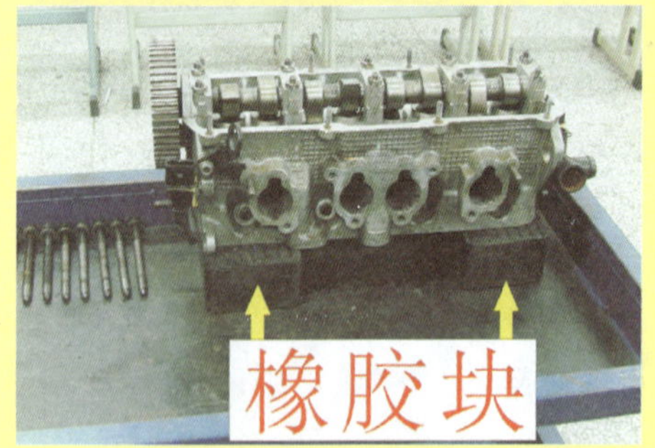</td><td>11. 拆下气缸盖。
提示：
◆从气缸体上的定位销处撬起气缸盖。
◆将气缸盖放置在橡胶块（或长形木块）上。</td></tr>
<tr><td></td><td>12. 取下气缸垫。
提示：
◆气缸垫的作用是填补气缸体和气缸盖之间的微观孔隙，保证接合面处有良好的密封性，进而保证燃烧室的密封，防止气缸漏气和水套漏水。</td></tr>
<tr><td colspan="2">注意：
拆下的零件应按拆卸的先后顺序摆放整齐，便于清洗和检查。</td></tr>
<tr><td colspan="2">四、分解气缸盖</td></tr>
<tr><td></td><td>1. 将气缸盖总成平放在工作台上。</td></tr>
</table>

	2. 拆下凸轮轴正时齿轮。
	3. 从凸轮轴上取下半圆键。
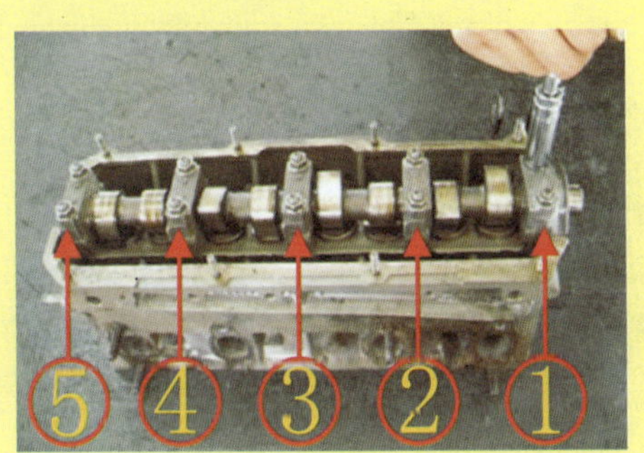	4. 拆卸凸轮轴轴承盖。 提示： ◆先交替对角拆第 1、3、5 号凸轮轴轴承盖，然后交替对角松开第 2、4 号轴承盖。 ◆拆下的轴承盖按顺序摆放整齐。
	5. 取出凸轮轴和凸轮轴油封。

	6. 取出各缸的液压挺柱。 提示： ◆拆卸时对液压挺柱做标记，液压挺柱不可互换。
	7. 用气门弹簧拆装钳将气门弹簧座压下，取出气门锁片和气门弹簧。
	8. 取出各缸的进、排气门。 提示： ◆拆卸时对气门必须做标记，气门不可互换。
	9. 用气门油封钳取出气门油封。

10. 用专用工具取出气门导管。

训练评价

考核要求：

1. 在规定的时间内完成发动机配气机构的拆卸，使之符合技术标准。
2. 在操作过程中出现的违规操作，应及时指正。
3. 符合安全文明生产的要求。

考核标准：

考评标准表——配气机构的拆卸

考核时间	考 核 项 目	分值	评分标准与指导	评价结果
60 min	正确使用工具	10	工具使用不当酌情扣分，并指正	
	拆正时带上护罩、中护罩	4	按要求酌情扣分，并指正	
	拆曲轴传动带轮	4	按要求酌情扣分，并指正	
	拆正时带下护罩	2	按要求酌情扣分，并指正	
	松张紧轮、取下止时带	4	按要求酌情扣分，并指正	
	拆张紧轮	2	按要求酌情扣分，并指正	
	拆正时带后护罩	2	按要求酌情扣分，并指正	
	拆凸轮轴正时齿轮后护罩	1	按要求酌情扣分，并指正	
	拆气门室罩盖	10	按要求酌情扣分，并指正	
	拆气缸盖	15	按要求酌情扣分，并指正	
	取出气缸垫	1	按要求酌情扣分，并指正	
	拆凸轮轴、取出液压挺柱	15	按要求酌情扣分，并指正	
	拆气门	15	按要求酌情扣分，并指正	
	取出气门油封、气门导管	5	按要求酌情扣分，并指正	

续表

考核时间	考 核 项 目	分值	评分标准与指导	评价结果
60 min	整理工具、清理现场	10	每项扣 2 分，扣完为止	
	遵守相关安全操作规范		因违规操作发生人身和设备事故，终止考核，成绩按 0 分计 超时每分钟扣 1 分，超时 10 min 终止考核	
	分数合计	100		

实训报告：

1. 叙述拆卸气缸盖螺栓的注意事项。
2. 叙述拆卸正时带的注意事项。
3. 叙述分解气缸盖的步骤及注意事项。

任务 4　活塞连杆组的拆卸

实训目标：

1. 了解发动机活塞连杆组的组成，能说出各零部件的名称。
2. 能够完成发动机活塞连杆组的拆卸。
3. 掌握拆卸发动机活塞连杆组的注意事项。

实训设备：

1. 桑塔纳 2000AJR 发动机拆装翻转台架 1 台，零件车 1 台，工具车 1 台。
2. 常用工具 1 套，桑塔纳专用工具 1 套，抹布若干。
3. 桑塔纳 2000AJR 发动机教材、维修手册 1 套，发动机的相关挂图、图册若干。

技能训练：

一、操作前准备工作

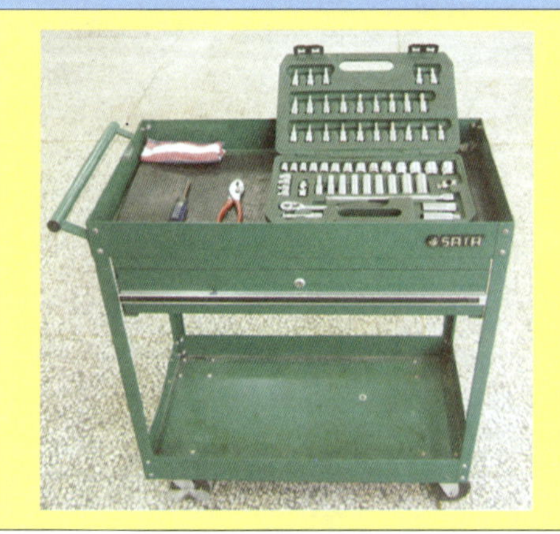

1. 学生将工位清理干净，准备好相关的工具、物品等。

2. 将发动机拆装翻转台架准备好，并安全固定。

提示：

◆培养良好的工作习惯，做好事前准备，有利于安全操作和提高工作效率。

3. 转动发动机拆装翻转台架，使油底壳朝上。

二、拆卸油底壳

1. 拆下油底壳。

（1）拆下油底壳上的20个螺栓。

（2）在气缸体和油底壳之间插入铲刀，铲开密封垫并取下油底壳。

提示：

◆拆卸螺栓组时应对角操作，分2～3次拆下螺栓。

注意：

使用铲刀时要小心，以防损坏油底壳凸缘。

	2. 取下油底壳密封垫。
三、拆卸曲轴正时带轮	
	1. 拆卸曲轴正时带固定螺栓。 （1）先用木棍固定曲轴左侧。 提示： ◆主要目的是单方向固定曲轴，防止转动。
	（2）拆下曲轮正时带固定螺栓。 提示： ◆此螺栓主要起固定曲轴正时带轮的作用。

2. 拆下曲轴正时带轮。

提示：

◆如果用手不能拆下带轮，可用 2 个螺钉旋具撬出。

注意：

用螺钉旋具撬曲轴正时带轮时，必须垫上抹布，防止损坏。

四、拆卸机油泵

1. 拆卸曲轴前油封端盖总成。

拆下曲轴前端盖上的 6 个螺栓。

提示：

◆用橡皮锤轻轻敲击端盖，拆下前端盖。

2. 拆下发动机前油封。

提示：

◆可使用螺钉旋具撬出前油封或者用锤子敲出前油封。

注意：

油封为一次性，不可重复使用。

	3. 拆卸机油泵链轮张紧器。 提示： ◆拆下张紧器的 1 个固定螺栓。
	4. 拆卸机油泵。 （1）拆下机油泵 3 个固定螺栓。 提示： ◆分 2 ~ 3 次拧下 3 个固定螺栓。
	（2）取下机油泵。 提示： ◆将机油泵链条与机油泵一起取下。

<table>
<tr><th colspan="2">五、拆卸活塞连杆组</th></tr>
<tr><td></td><td>1. 将第 1 缸活塞转至下止点位置。
提示：
◆如左图所示，转动曲轴，将 1 缸曲拐朝上放置。</td></tr>
<tr><td></td><td>2. 拆卸连杆轴承盖。
（1）均匀地分 2 ~ 3 次拆下 1 缸连杆轴承盖上的螺栓。
提示：
◆螺栓拆下后可连同轴承盖一同取下。</td></tr>
<tr><td></td><td>（2）取下轴承盖。
提示：
◆用橡皮锤轻敲连杆轴承盖，按如左图所示的方法左右晃动取下连杆轴承盖。</td></tr>
</table>

	3. 取出活塞连杆组。 提示： ◆用橡皮锤轻敲连杆螺栓处，将活塞连杆从下部取出。 注意： 为防止活塞连杆组自行滑落，应先用手托住下部，以防活塞连杆组掉在地上损坏。
	4. 给活塞连杆组做标记。 提示： ◆将取下的活塞连杆组重新组合起来，做上1缸的标记。 注意： 注意连杆与轴承盖的方向。
	5. 拆下其余的活塞连杆组。 提示： ◆用拆卸1缸活塞连杆组的方法拆卸2、3、4缸活塞连杆组。 注意： 每组活塞连杆组必须做好记号，以防装复时弄乱顺序。
六、分解活塞连杆组	
	1. 拆下第一道气环。 提示： ◆用活塞环拆装钳拆下第一道气环。 注意： 为防止活塞及活塞环损伤，应多练习活塞环拆装钳的使用。

	2. 拆下第二道气环。 提示： ◆用活塞环拆装钳拆下第二道气环。
	3. 拆下组合油环。 （1）拆油环的上刮片。 （2）拆油环的下刮片。 （3）拆油环的衬簧。 提示： ◆活塞环起密封、调节机油（控油）、导热（传热）、导向（支撑）4 个作用。
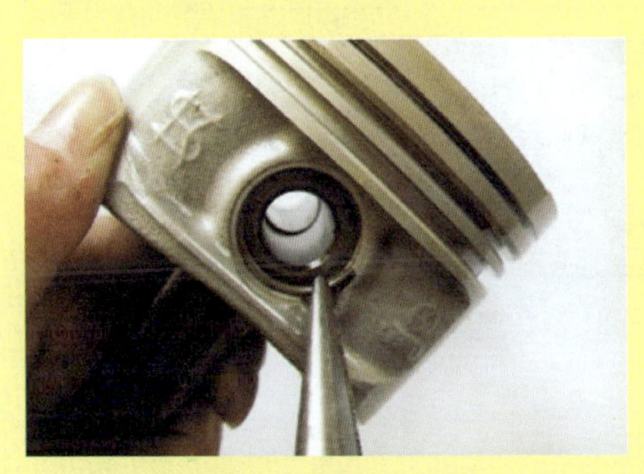	4. 拆下活塞销。 （1）拆活塞销卡环。 提示： ◆用尖嘴钳拆下活塞销卡环。 ◆用专用工具 VW222a 拆下活塞销。
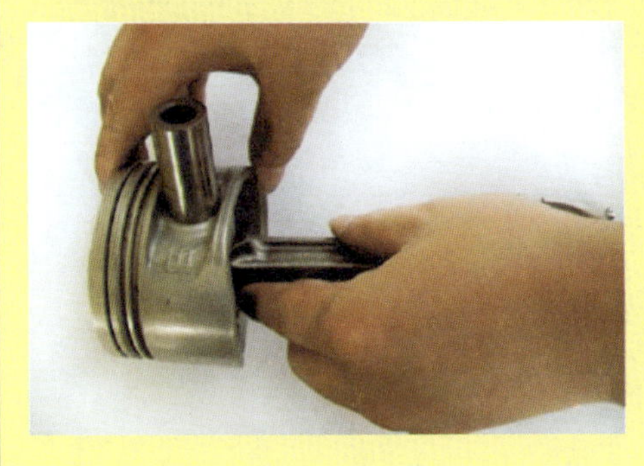	（2）取出活塞销。

训练评价

考核要求：

1. 在规定的时间内完成发动机活塞连杆组的拆卸，使之符合技术标准。
2. 在操作过程中出现的违规操作，应及时指正。
3. 符合安全文明生产的要求。

考核标准：

考评标准表 ——活塞连杆组拆卸

考核时间	考 核 项 目	分值	评分标准与指导	评价结果
30 min	正确使用工具	10	工具使用不当酌情扣分，并指正	
	拆卸油底壳	10	按要求酌情扣分，并指正	
	拆卸曲轴正时带轮	5	按要求酌情扣分，并指正	
	拆卸机油泵	5	按要求酌情扣分，并指正	
	拆卸活塞连杆组	30	按要求酌情扣分，并指正	
	分解活塞连杆组	30	按要求酌情扣分，并指正	
	整理工具、清理现场	10	每项扣2分，扣完为止	
	遵守相关安全操作规范		因违规操作发生人身和设备事故，终止考核，成绩按0分计 超时每分钟扣2分，超时5 min终止考核	
	分数合计	100		

实训报告：

1. 叙述拆卸活塞连杆组的注意事项。
2. 叙述活塞环的组成。

任务5 曲轴飞轮组的拆卸

实训目标：

1. 了解发动机曲轴飞轮组的组成，能说出各零部件的名称。
2. 能够完成发动机曲轴飞轮组的拆卸。
3. 掌握拆卸发动机曲轴飞轮组的注意事项。

实训设备：

1. 桑塔纳2000AJR发动机拆装翻转台架1台，零件车1台，工具车1台。
2. 常用工具1套，桑塔纳专用工具1套，抹布若干。
3. 桑塔纳2000AJR发动机教材、维修手册1套，发动机的相关挂图、图册若干。

技能训练：

一、操作前准备工作

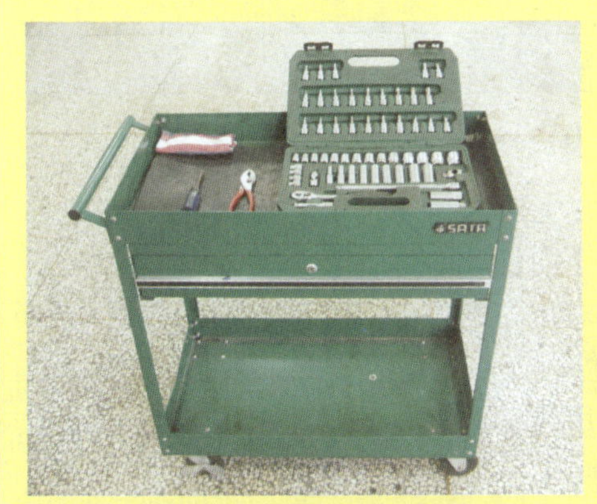

1. 学生将工位清理干净，准备好所需的工具、物品等。

2. 将发动机拆装翻转台架准备好，并安全固定。

提示：

◆培养良好的工作习惯，做好事前准备，有利于安全操作和提高工作效率。

二、拆卸飞轮

如左图所示为飞轮。

1. 用如左图所示的方法单方向固定曲轴，防止拆卸飞轮螺栓时，曲轴旋转。

2. 拆下飞轮。

提示：

◆对角分 2～3 次拧下飞轮上的 6 个固定螺栓，取下飞轮。

三、拆卸曲轴

1. 拆下曲轴后油封凸缘。

（1）对角分 2～3 次拧下曲轴后油封凸缘的 6 个固定螺栓。

（2）用橡皮锤轻击并取下曲轴后油封凸缘。

2. 拆曲轴主轴承盖。

（1）拆下主轴承盖 10 个固定螺栓。

提示：

◆主轴承盖共有 5 道，每道有 2 个固定螺栓，共 10 个。

注意：

拆卸主轴承盖固定螺栓时应按图示顺序分 2～3次均匀拆下。

	(2) 依次取下各道主轴承盖。 提示： ◆使用拆下的主轴承盖固定螺栓，前后撬动并拆下主轴承盖。 注意： 必要时可用橡皮锤轻敲，辅助拆下。
	提示： ◆左图所示为带止推片的第三道主轴承盖（止推片仅第三道主轴承盖处有）。 注意： 止推片的作用主要是防止曲轴轴向移动。
	(3) 把下轴瓦和主轴承盖放在一起。 注意： 将拆卸下来的主轴承盖按顺序摆放在一起。
	3. 抬出曲轴。

4. 取下曲轴上轴瓦。

训 练 评 价

考核要求：

1. 在规定的时间内完成发动机曲轴飞轮组的拆卸，使之符合技术标准。
2. 在操作过程中出现的违规操作，应及时指正。
3. 符合安全文明生产的要求。

考核标准：

考评标准表——曲轴飞轮组的拆卸

考核时间	考 核 项 目	分值	评分标准与指导	评价结果
	正确使用工具	10	工具使用不当酌情扣分，并指正	
	拆卸飞轮	10	按要求酌情扣分，并指正	
	拆卸曲轴后油封凸缘	8	按要求酌情扣分，并指正	
	拆卸曲轴主轴承盖	50	按要求酌情扣分，并指正	
	抬出曲轴	2	按要求酌情扣分，并指正	
20 min	取下曲轴上轴瓦	10	按要求酌情扣分，并指正	
	整理工具、清理现场		每项扣2分，扣完为止	
	遵守相关安全操作规范	10	因违规操作发生人身和设备事故，终止考核，成绩按0分计 超时每分钟扣2分，超时5 min终止考核	
	分数合计	100		

实训报告：

1. 叙述拆卸曲轴主轴承盖的注意事项。
2. 叙述曲轴止推片的安装位置，它的作用是什么？

课题二　零部件的清洗与检测

任务1　曲轴的清洗与检测

实训目标：

1. 会正确清洗曲轴。
2. 能够对曲轴的主轴颈尺寸、连杆轴颈尺寸和曲轴弯曲度进行测量。
3. 能根据测量出的数据，提出正确的修理建议。

实训设备：

1. 桑塔纳2000AJR发动机曲轴。
2. 油盆、软毛刷、千分尺、磁性百分表、汽油、空压机、吹枪、铁丝、抹布。
3. 桑塔纳2000AJR发动机教材、维修手册1套。

技能训练：

一、清洗曲轴及吹干	
	1. 清洗曲轴。 （1）将曲轴置于清洗油盆中，使用软毛刷和汽油（或溶剂）彻底清洗。 （2）用细铁丝对曲轴油道进行疏通，清除油道杂质。
	2. 吹干曲轴。 用压缩空气吹干曲轴。 提示： ◆为避免飞溅，可用抹布遮挡。

二、曲轴主轴颈尺寸、连杆轴颈尺寸的检测

1. 测量曲轴主轴颈尺寸。

使用千分尺测量每个主轴颈尺寸。

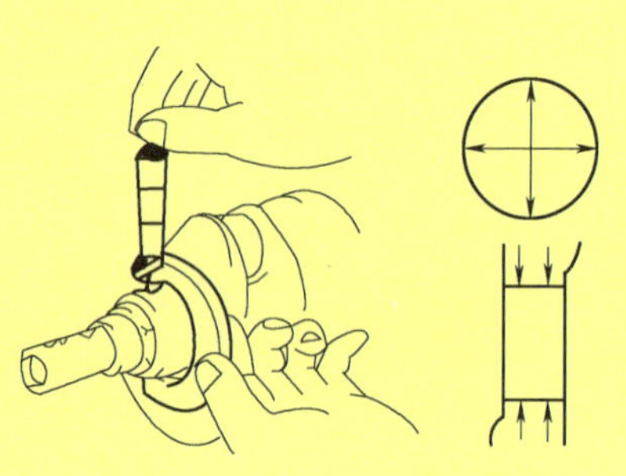

提示：

◆如左图所示，从 2 个截面测量轴颈，每个截面 2 个方位，共 4 个值。

2. 测量连杆轴颈尺寸（同主轴颈尺寸测量方法）。

提示：

◆如果磨损超出使用极限，应磨削或更换曲轴。

具体使用极限见下表：

mm

尺寸	主轴颈	连杆轴颈
标准尺寸	$54.00^{-0.022}_{-0.042}$	$47.80^{-0.022}_{-0.042}$
第一次缩小后的尺寸	$53.75^{-0.022}_{-0.042}$	$47.55^{-0.022}_{-0.042}$
第二次缩小后的尺寸	$53.50^{-0.022}_{-0.042}$	$47.30^{-0.022}_{-0.042}$

三、曲轴弯曲度的检测	
	1. 将曲轴放在 V 形铁上，安装好磁性百分表。 提示： ◆百分表测头必须垂直于曲轴主轴颈。
	2. 转动曲轴，观察百分表的读数变化。 提示： ◆如果数值超出 0.06 mm，需更换曲轴。

训练评价

考核要求：

1. 在规定的时间内完成曲轴主轴颈尺寸、连杆轴颈尺寸和曲轴弯曲度的测量，并提出修理建议。
2. 在操作过程中出现的违规操作，应及时指正。
3. 符合安全文明生产的要求。

考核标准：

清洗曲轴、测量，并填写下表。

主轴颈	第一道	第二道	第三道	第四道	第五道
位置 1					
位置 2					
位置 3					
位置 4					
修理建议					

连杆轴颈	第一道	第二道	第三道	第四道
位置 1				
位置 2				
位置 3				
位置 4				
修理建议				

主轴颈	第一道	第二道	第三道	第四道	第五道
圆跳动					
修理建议					

评分标准：清洗不规范扣 20 分，数据误差达 0. 02 mm 不合格，修理建议错误不合格。

考核时间：30 min。

实训报告：

1. 叙述清洗曲轴的注意事项。
2. 叙述曲轴圆跳动、曲轴主轴颈尺寸和连杆轴颈尺寸的标准数据和使用极限。

任务 2　活塞的清洗与检测

实训目标：

1. 会正确清洗活塞。
2. 会测量活塞的直径、活塞环的侧隙和端隙。
3. 能根据测量出的数据，提出正确的修理建议。

实训设备：

1. 桑塔纳 2000AJR 发动机活塞、缸体。
2. 油盆、软毛刷、铲刀、活塞环槽清洁工具、千分尺、塞尺、内径百分表、汽油、抹布。
3. 桑塔纳 2000AJR 发动机教材、维修手册 1 套。

技能训练：

<table>
<tr><th colspan="2">一、清洗活塞</th></tr>
<tr><td></td><td>1. 使用铲刀，从活塞顶面清除所有积炭。</td></tr>
<tr><td></td><td>2. 使用活塞环槽清洁工具清洁活塞环槽。</td></tr>
<tr><td></td><td>3. 使用汽油和软毛刷彻底清洗活塞。
注意：
不要使用钢丝刷，以防损坏活塞。</td></tr>
<tr><th colspan="2">二、测量活塞直径</th></tr>
<tr><td></td><td>使用千分尺，在与销孔轴线垂直的方向上距离活塞顶 28.5 mm 处测量活塞头部直径。
提示：
◆活塞间隙：用气缸直径减去活塞直径（注：横向测量气缸直径）。
◆标准间隙：0.075 ~0.095 mm；
最大间隙：0.115 mm 。
注意：
如果间隙超过最大值，更换所有 4 个活塞，并重新镗削所有 4 个气缸。
如有必要，更换气缸体。</td></tr>
</table>

<table>
<tr><th colspan="2">三、测量活塞环侧隙</th></tr>
<tr><td></td><td>使用塞尺测量活塞环与活塞环槽侧壁的间隙。
提示：
◆活塞环侧隙：
第一道气环 0.040 ~ 0.080 mm；
第二道气环 0.030 ~ 0.070 mm。
注意：
如果间隙超过最大值，需更换活塞。</td></tr>
<tr><th colspan="2">四、测量活塞环端隙</th></tr>
<tr><td></td><td>1. 把活塞环放入气缸。
2. 使用活塞，推入活塞环到距气缸体顶面 97 mm处。</td></tr>
<tr><td></td><td>3. 使用塞尺测量端隙。
提示：
◆活塞环标准端隙：
第一道气环 0.250 ~ 0.450 mm；
第二道气环 0.350 ~ 0.600 mm；
油环 0.150 ~ 0.500 mm。
注意：
活塞环的最大端隙：
第一道气环 1.05 mm；
第二道气环 1.20 mm；
油环 1.10 mm。
如果端隙超过最大值，需更换活塞环。
如果使用新活塞环，端隙超过最大值，需重新镗削所有 4 个气缸或更换气缸体。</td></tr>
</table>

训练评价

考核要求：

1. 在规定的时间内完成活塞清洗，及活塞直径、活塞环侧隙和端隙的测量，并提出修理建议。
2. 在操作过程中出现的违规操作，应及时指正。
3. 符合安全文明生产的要求。

考核标准：

清洗活塞、测量，并填写下表：

mm

活塞直径	1 缸活塞	2 缸活塞	3 缸活塞	4 缸活塞
数据				
修理建议				

mm

活塞环侧隙	第一道气环	第二道气环
1 缸活塞		
2 缸活塞		
3 缸活塞		
4 缸活塞		
修理建议		

mm

活塞环端隙	第一道气环	第二道气环	油环
1 缸活塞			
2 缸活塞			
3 缸活塞			
4 缸活塞			
修理建议			

评分标准：清洗不规范扣 20 分，数据误差达 0.02 mm 不合格，修理建议错误不合格。

考核时间：40 min。

实训报告：

1. 叙述清洗活塞的注意事项。
2. 叙述活塞环的标准端隙和最大端隙。

任务3　气缸体的清洗与检测

实训目标：

1. 会正确清洁气缸体。
2. 会测量气缸体的平面度、气缸直径。
3. 能根据测量出的数据，提出正确的修理建议。

实训设备：

1. 桑塔纳2000AJR发动机气缸体。
2. 油盆、软毛刷、铲刀、刀口尺、塞尺、内径百分表、汽油、空压机、吹枪、铁丝、细砂纸、抹布。
3. 桑塔纳2000AJR发动机教材、维修手册1套。

技能训练：

一、清洗气缸体

	1. 清除气缸体表面的积炭、污垢。 提示： ◆使用铲刀，从气缸体的接触表面上清除所有积炭、污垢。 注意： 用铲刀清理气缸体上下平面、侧面时，注意不要铲坏气缸体而造成密封不良。
	2. 清洁油道、水道和气缸内的积炭。 提示： ◆用布或细砂纸清除气缸内的积炭，用铁丝等清理油道、水道孔等。

<table>
<tr><td></td><td>3. 使用软毛刷和汽油彻底清洗气缸体。
注意：
清洗时应将气缸体置于油盆中，以免造成清洗油液污染。</td></tr>
<tr><td></td><td>4. 清洗后用压缩空气吹净内外面及孔道。
注意：
为防止气流带动表面残液飞溅，用抹布逆气流方向遮挡。</td></tr>
<tr><td colspan="2">二、气缸体平面度的检测</td></tr>
<tr><td></td><td>使用刀口尺和塞尺，测量气缸体和气缸盖接触面的翘曲变形量（平面度）。</td></tr>
<tr><td>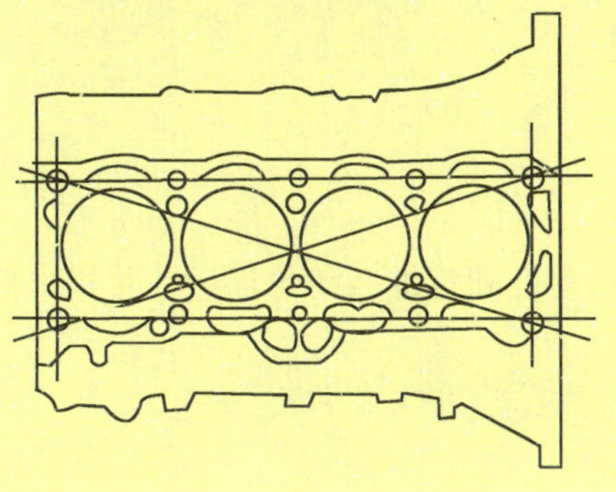</td><td>提示：
◆测量部位如左图所示。
注意：
最大翘曲变形量为 0.05 mm，如果翘曲变形量超过最大值，需更换气缸体。</td></tr>
</table>

三、气缸直径的检测

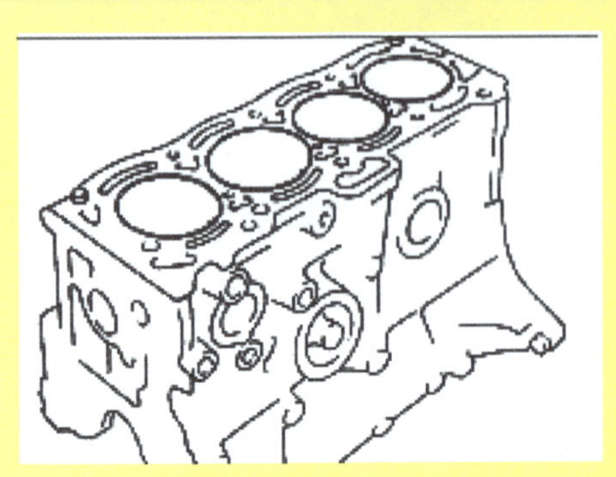

1. 直观地检查气缸的垂直划痕。

注意：

如果存在深度划痕，重新镗削所有气缸。

如果必要，要更换气缸体。

2. 用内径百分表测量气缸直径。

前

① 横向

② 纵向

A

B

C

10

10

3. 在 A（上）、B（中）、C（下）位置横向和纵向测量气缸直径。

提示：

◆标准缸径为 81.01 mm，在 A、B、C 3 个位置上进行横向和纵向测量，与标准尺寸的最大偏差为 0.08 mm。

注意：

如果缸径偏差超过最大值，重新镗削所有气缸。

如果必要，需更换气缸体。

训 练 评 价

考核要求：

1. 在规定的时间内完成气缸体清洗，及气缸体平面度和气缸直径的测量，并提出修理建议。

2. 在操作过程中出现的违规操作，应及时指正。

3. 符合安全文明生产的要求。

考核标准：

清洁气缸体、测量，并填写下表：

mm

气缸平面度	位置1	位置2	位置3	位置4	位置5	位置6
数　据						
修理建议						

mm

气缸直径	1缸	2缸	3缸	4缸
横向上部				
纵向上部				
横向中部				
纵向中部				
横向下部				
纵向下部				
修理建议				

评分标准：清洁不规范扣20分，数据误差达0.02 mm不合格，修理建议错误不合格。

考核时间：30 min。

实训报告：

1. 叙述清洗气缸体的注意事项。
2. 叙述气缸平面度和气缸直径的标准数据和最大值。

任务4　传感器与执行器的检测

实训目标：

1. 能说出各传感器和执行器的作用。
2. 能对各传感器和执行器进行测量。
3. 能根据测量出的数据，正确判断性能。

实训设备：

1. 桑塔纳2000AJR发动机各传感器和执行器。
2. 数字万用表、插头端子延长线。
3. 桑塔纳2000AJR发动机教材、维修手册1套。

技能训练：

一、冷却液温度传感器的检测

1. 准备冷却液温度传感器。

提示：

◆冷却液温度传感器内部是两个半导体热敏电阻。

◆热敏电阻的阻值随空气温度的升高而降低，呈指数关系。

注意：

冷却液温度传感器的作用是检测发动机冷却液温度，向 ECU 输入温度信号，作为燃油喷射和点火正时的修正信号，同时也是其他控制系统的控制信号。

2. 检查数字万用表，确保其状态良好。

3. 将数字万用表调至电阻挡，量程选择 20 kΩ。

4. 测量冷却液温度传感器1#与3#针脚间的电阻。

提示：

◆冷却液温度传感器共有4个针脚。1#与3#针脚接仪表，2#与4#针脚接ECU。

5. 测量冷却液温度传感器2#与4#针脚间的电阻。

提示：

◆该信号通入ECU。

◆标准值为：

温度（℃）	电阻值（kΩ）
0	6
20	2.2
40	1.1
60	0.6
80	0.25

二、进气温度传感器的检测

1. 准备进气温度传感器。

提示：

◆进气温度传感器内部是一个具有负温度电阻系数的热敏电阻，外部均被环氧树脂密封。

◆热敏电阻的阻值随空气温度的升高而降低，呈指数关系。

注意：

进气温度传感器的作用是检测进气温度，向ECU输入进气温度信号，作为燃油喷射和点火正时的修正信号。

2. 检查数字万用表，确保其状态良好。

3. 将数字万用表调至电阻挡，量程选择20 kΩ。

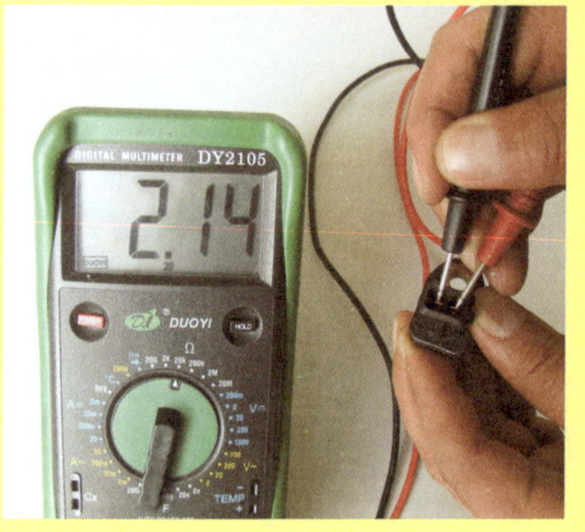

4. 测量进气温度传感器1#与2#针脚间的电阻。

提示：

◆该信号通入ECU。

◆标准值为：

温度（℃）	电阻值（kΩ）
0	6
20	2. 2
40	1. 1
60	0. 6
80	0. 25

三、氧传感器的检测

1. 准备氧传感器。

注意：

氧传感器可检测空燃比与排气中的氧浓度，在发动机内进行理论空燃比（14. 7∶1）燃烧的监控，并向ECU反馈信号。

2. 检查数字万用表，确保其状态良好。

3. 将数字万用表调至电阻挡，量程选择200 Ω。

4. 测量氧传感器插头1#与2#针脚间的电阻。

提示：

◆该数值为氧传感器加热电阻的阻值。

四、曲轴位置传感器的检测

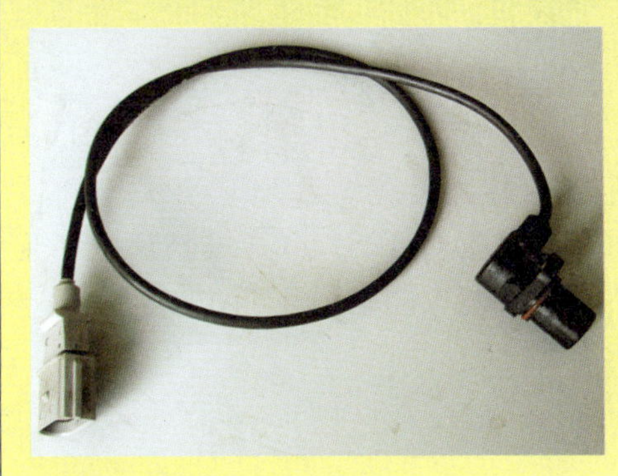

1. 准备曲轴位置传感器。

注意：

曲轴位置传感器用于检测活塞上止点信号和曲轴转角信号，是控制点火时刻、确认曲轴位置的信号源。

2. 检查数字万用表，确保其状态良好。

3. 将数字万用表调至电阻挡，量程选择 2 kΩ。

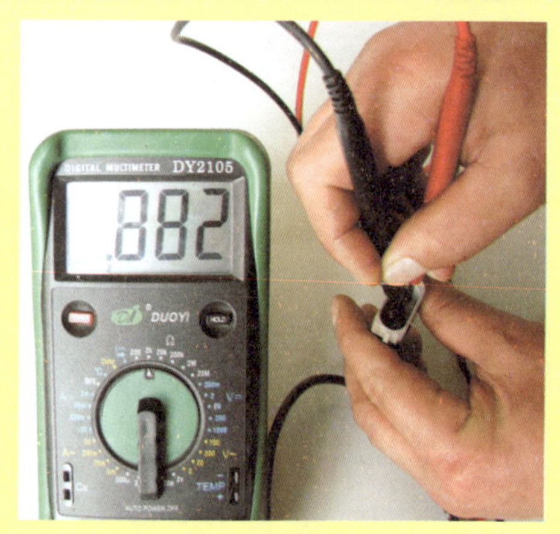

4. 测量2#与3#针脚间的电阻。

提示：

◆该数值为曲轴位置传感器的线圈电阻。

◆1#是传感器的屏蔽线。

◆2#与3#针脚间电阻的标准值为480～1 000 Ω。

五、节气门位置传感器的检测

1. 准备节气门位置传感器。

注意：

节气门位置传感器提供给ECU有关节气门位置的电压信号，通过TPS，ECU可以知道节气门开度、是否开启或关闭，以及开闭的速度。

2. 检查数字万用表，确保其状态良好。

3. 将数字万用表调至电阻挡，量程选择200 Ω。

4. 用延长线将待测端子引出。

提示：

◆因节气门位置传感器插头针脚较多（7针）、较小，需用延长线将待测端子引出。

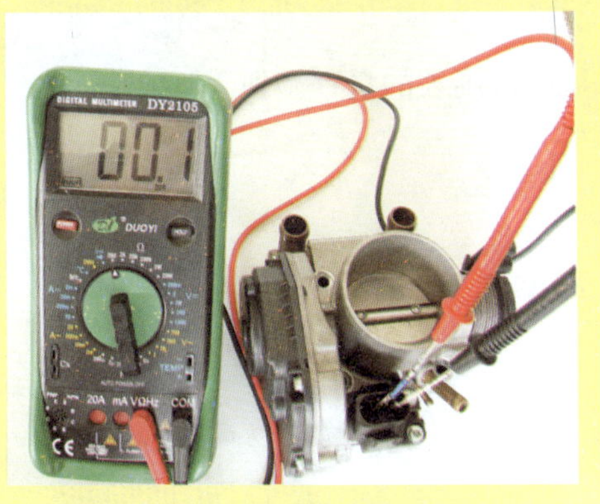

5. 测量3#与7#针脚间的电阻（节气门全关）。

提示：

◆该测量值为怠速开关的电阻。

◆节气门全关时的标准值：<1.5 Ω。

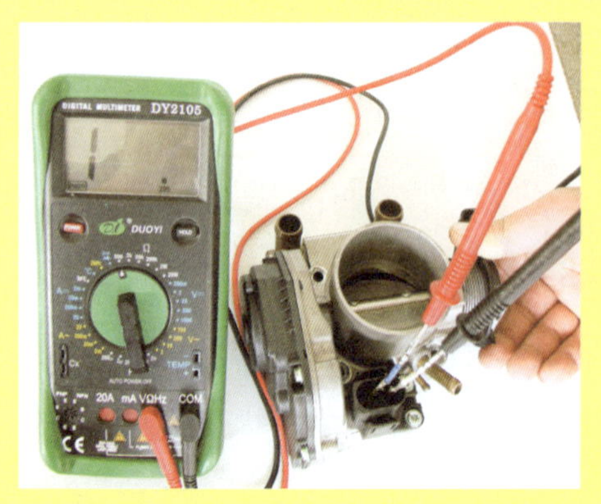	6. 测量 3#与 7#针脚间的电阻（节气门打开）。 提示： ◆节气门打开时其电阻应无穷大。
	7. 测量 1#与 2#针脚间的电阻。 提示： ◆该测量值为怠速电动机的电阻。 ◆标准值：3 ~ 200 Ω。
	8. 将数字万用表的量程调到 2 kΩ。

9. 测量5#与7#针脚间的电阻（节气门全关）。

提示：

◆该测量值为节气门电位计的电阻。

一边打开节气门，一边观察电阻值的变化。

提示：

◆随着节气门开度的增大，其电阻值应该逐渐变小。

六、活性炭罐电磁阀的检测

1. 准备活性炭罐电磁阀。

注意：

活性炭罐电磁阀的作用是接受ECU的指令，根据发动机工况调节控制燃油蒸发系统。

	2. 检查数字万用表，确保其状态良好。 3. 将数字万用表调至电阻挡，量程选择200 Ω。
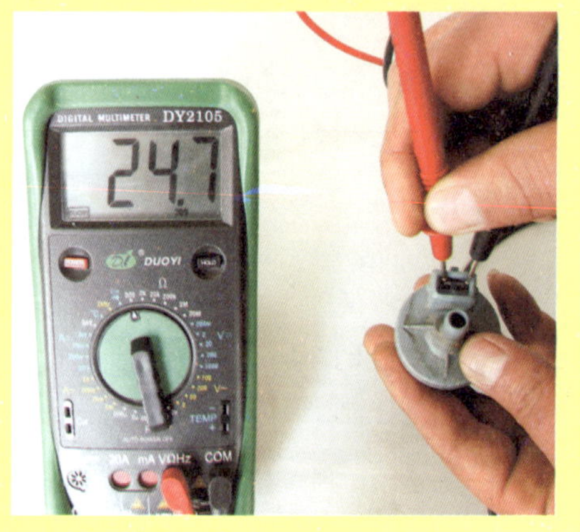	4. 测量电磁阀插头2个端子之间的电阻。 提示： ◆该元件为执行器，受ECU控制。 ◆标准值：20～50 Ω。

七、喷油器的检测

	1. 准备喷油器。 提示： ◆喷油器的作用是根据ECU发出的喷油脉冲信号，将计量精确的燃油喷入节气门附近的进气歧管中，以供发动机燃烧。

2. 检查数字万用表，确保其状态良好。
3. 将数字万用表调至电阻挡，量程选择200 Ω。

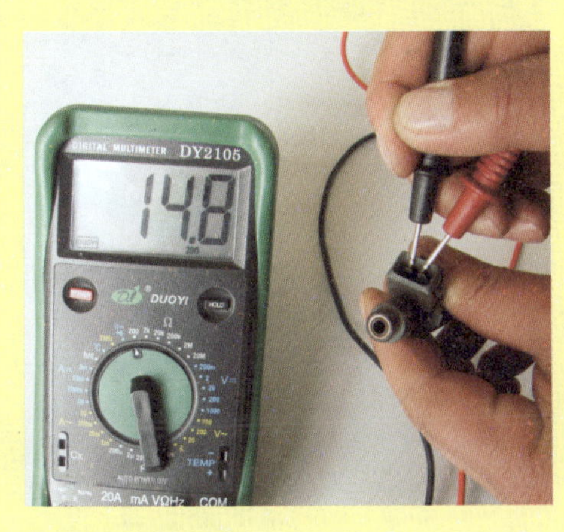

4. 测量喷油器插头 2 个端子之间的电阻。

提示：

◆该元件为执行器，受 ECU 控制。

◆标准值：13 ~ 18 Ω。

训练评价

考核要求：

1. 在规定的时间内完成传感器和执行器的检测，并正确判断传感器性能。
2. 在操作过程中出现的违规操作，应及时指正。
3. 符合安全文明生产的要求。

考核标准：

元　件　名　称	测量端口	测量数据	性能判断
冷却液温度传感器			
进气温度传感器			
氧传感器			
曲轴位置传感器			
节气门位置传感器			
活性炭罐电磁阀			
喷油器			

考核时间：30 min。

实训报告：

1. 本任务所测量的元件中哪些是传感器，哪些是执行器？
2. 本任务所测量的元件，各有哪些作用？

课题三　发动机的装配与调试

任务1　安装曲轴飞轮组

实训目标：

1. 熟悉安装曲轴飞轮组的操作步骤。
2. 能够按照技术要求安装曲轴飞轮组。
3. 掌握安装曲轴飞轮组的注意事项。

实训设备：

1. 桑塔纳2000AJR发动机拆装翻转台架1台，零件车1台，工具车1台。
2. 常用工具1套，桑塔纳专用工具1套，油盆1个，水盆1个，抹布若干。
3. 桑塔纳2000AJR发动机教材、维修手册1套，发动机的相关挂图、图册若干。

技能训练：

一、操作前准备工作	
	1. 学生将工位清理干净，准备好相关的工具、物品等。 2. 将发动机拆装翻转台架准备好，并安全固定。 3. 如果是第一次安装，需要对照零件的拆卸顺序及记录进行安装，以保证装配时不出错。 提示： ◆培养良好的工作习惯，做好事前准备，有利于安全操作和提高工作效率。
二、安装曲轴	
	1. 安装曲轴轴瓦。 提示： ◆上、下轴瓦的区别是上轴瓦有一个油槽和油孔，而下轴瓦没有。

	2. 将清洁好的气缸体翻转至下平面朝上，依次装上5个上轴瓦。 提示： ◆安装到位的轴瓦端面应稍高于轴承座端面。
	3. 将下轴瓦装至主轴承盖中。
	4. 在上轴瓦与曲轴摩擦表面间涂抹一层机油。
	5. 将曲轴放置在气缸体上。 提示： ◆安放曲轴时，注意曲轴的前后方向，动作要轻。

6. 安装曲轴主轴承盖。

（1）安装曲轴止推垫片。

提示：

◆在第三道主轴承盖上安装 2 个止推垫片，带油槽的一面朝外。

（2）在第三道下轴瓦上涂抹一层机油，对正主轴颈将其安装到位。

（3）依次安装曲轴主轴承盖。

提示：

◆安装时应注意主轴承盖的顺序和方向，不能互换。

◆每个主轴承盖都有代号和向前标记。

◆安装前，需在下轴瓦上涂抹一层机油。

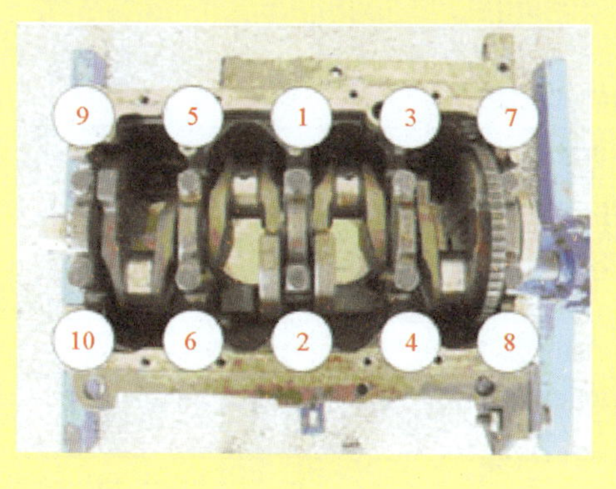

7. 按图示顺序分 2～3 次均匀拧紧 10 个主轴承盖螺栓。

提示：

◆在主轴承盖螺栓的螺纹和螺栓头部下面涂一薄层机油。

◆螺栓的拧紧力矩为 60 N · m。

注意：

操作时应及时检查曲轴是否转动灵活。

<table>
<tr><th colspan="2">三、安装飞轮</th></tr>
<tr><td></td><td>1. 安装发动机后油封端盖。
安装后油封端盖，并拧紧6个固定螺栓。
提示：
◆螺栓的拧紧力矩为10 N·m。</td></tr>
<tr><td></td><td>2. 安装飞轮。
提示：
◆飞轮安装时应对正定位孔，否则无法安装。
◆分2～3次对角拧紧6个飞轮螺栓。
◆螺栓的拧紧力矩为75 N·m。</td></tr>
</table>

训练评价

考核要求：

1. 在规定的时间内完成发动机曲轴飞轮组的装配，使之符合技术标准。
2. 在操作过程中出现的违规操作，应及时指正。
3. 符合安全文明生产的要求。

考核标准：

考评标准表——安装曲轴飞轮组

考核时间	考核项目	分值	评分标准与指导	评价结果
30 min	正确使用工具	10	工具使用不当酌情扣分，并指正	
	安装曲轴轴瓦	10	不润滑扣5分，安装错误扣10分，并指正	
	放置曲轴	2	按要求酌情扣分，并指正	
	安装曲轴主轴承盖	60	按要求酌情扣分，并指正；不润滑扣10分	

续表

考核时间	考 核 项 目	分值	评分标准与指导	评价结果
30 min	安装发动机后油封端盖	2	按要求酌情扣分，并指正	
	安装飞轮	6	按要求酌情扣分，并指正	
	整理工具、清理现场	10	每项扣2分，扣完为止	
	遵守相关安全操作规范		因违规操作发生人身和设备事故，终止考核，成绩按0分计 超时每分钟扣2分，超时5 min终止考核	
	分数合计	100		

实训报告：

1. 叙述安装曲轴主轴承盖的注意事项。
2. 叙述安装曲轴飞轮组的操作步骤。

任务2 安装活塞连杆机构

实训目标：

1. 熟悉安装活塞连杆机构的操作步骤。
2. 能够按照技术要求安装活塞连杆机构。
3. 掌握安装活塞连杆机构的注意事项。

实训设备：

1. 桑塔纳2000AJR发动机拆装翻转台架1台，零件车1台，工具车1台。
2. 常用工具1套，桑塔纳专用工具1套，油盆1个，水盆1个，抹布若干。
3. 桑塔纳2000AJR发动机教材、维修手册1套，发动机的相关挂图、图册若干。

技能训练：

一、操作前准备工作

1. 学生将工位清理干净，准备好相关的工具、物品等。

2. 将发动机拆装翻转台架准备好，并安全固定。

3. 如果是第一次安装，需要对照零件的拆卸顺序及记录进行安装，以保证装配时不出错。

提示：

◆培养良好的工作习惯，做好事前准备，有利于安全操作和提高工作效率。

二、安装活塞环

1. 用手安装油环弹簧和2个油环。

2. 使用活塞环扩张器，安装2个压缩环（气环）。

提示：

◆气环的代码、标记朝上。

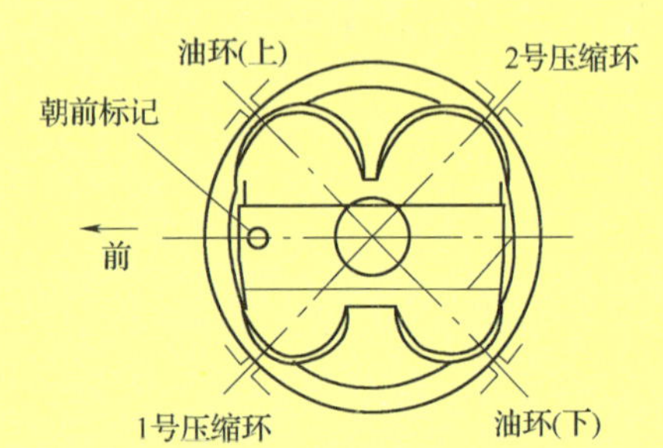

3. 按左图所示布置活塞环开口位置。

提示：

◆活塞环的开口应相互错开。

注意：

活塞环开口如不按要求错开，将可能导致发动机气缸漏气、压缩无力、功率下降、油耗增加、烧机油、起动困难等故障。

三、安装连杆组

1. 安装连杆轴瓦。

（1）对准轴瓦凸起和连杆或连杆盖的凹槽。

（2）将连杆轴瓦安装到连杆和连杆盖中。

提示：

◆安装前，需在连杆轴瓦上涂抹一层机油。

2. 将1缸曲拐摇至下止点位置。

	3. 使用活塞环收紧器，将1缸活塞和连杆总成推入。 提示： ◆活塞的朝前标记向前。 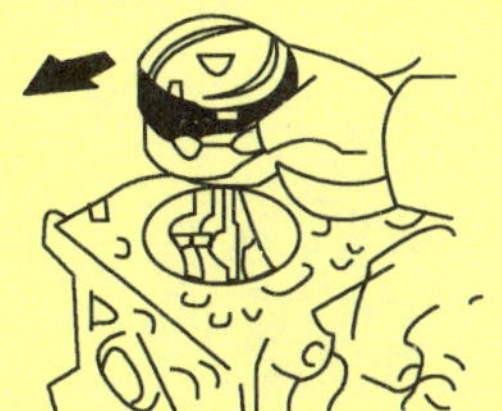
	4. 用木棒将活塞轻轻敲入。
	5. 把连杆盖装在连杆上。 （1）匹配连杆盖和连杆的号码。 （2）安装连杆盖，朝前标记向前。
	6. 分2~3次交替拧紧固定螺母。 提示： ◆在连杆盖螺母下方涂一薄层机油，润滑螺纹和接触表面。 ◆螺栓拧紧力矩为30 N·m。 ◆安装完毕后，检查连杆止推间隙，检查曲轴转动是否灵活。

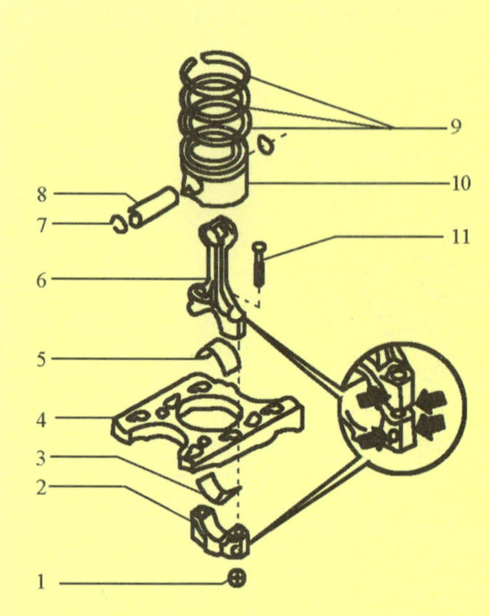	活塞连杆机构结构图示 1—连杆螺母 2—连杆盖 3、5—轴瓦 4—气缸体 6—连杆 7—夹箍 8—活塞销 9—活塞环 10—活塞 11—连杆螺栓
	7. 按同样方法，依次安装其他各缸的活塞连杆机构。

四、安装机油泵

	1. 装上机油泵链条，连同机油泵一起安装。 2. 拧紧机油泵 3 个固定螺栓。 提示： ◆安装前应检查机油泵和气缸体接触面的平面度。 ◆螺栓拧紧力矩为 20 N · m。

	3. 装上链条张紧器，拧紧链条张紧器固定螺栓。 提示： ◆压下弹簧后安装。 ◆链条张紧器固定螺栓拧紧力矩为16 N·m。
	安装后如左图所示。
	4. 在曲轴前油封端盖上涂一层密封胶。 提示： ◆按要求用专业工具先装上油封。
	5. 装上曲轴前油封端盖。 6. 拧紧油封端盖的6个固定螺栓。 提示： ◆螺栓拧紧力矩为10 N·m。

	7. 装上曲轴正时齿轮。 注意： 对正曲轴正时齿轮上键与键槽的位置，正确安装。
	8. 将正时齿轮固定螺母先用手拧紧，然后用木棍将曲轴顺时针方向固定。
	9. 用力矩扳手按规定力矩将齿轮固定螺栓拧紧。 提示： ◆螺栓拧紧力矩为 85 N·m。

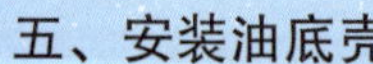

五、安装油底壳

	1. 在油底壳垫上涂一层密封胶。 2. 将油底壳垫装上（涂胶的一面靠气缸体）。

	3. 在装上的油底壳垫的另一面上也涂一层密封胶。
	4. 装上油底壳，并拧紧油底壳固定螺栓。 提示： ◆油底壳固定螺栓需分 2 ~3 次拧紧。 ◆固定螺栓拧紧力矩为 15 N · m。
	5. 装油底壳放油螺栓。 提示： ◆放油螺栓垫片不可重复使用，需更换。 ◆放油螺栓拧紧力矩为 30 N · m。
	6. 翻转台架将油底壳朝下。

7. 将1缸活塞转至上止点。

提示：

◆该步骤是为装配气缸盖部分做准备。

注意：

桑塔纳车型可按此步骤进行，其他车型需满足维修手册要求。

训练评价

考核要求：

1. 在规定的时间内完成发动机活塞连杆机构的装配，使之符合技术标准。
2. 在操作过程中出现的违规操作，应及时指正。
3. 符合安全文明生产的要求。

考核标准：

考评标准表——安装活塞连杆机构

考核时间	考核项目	分值	评分标准与指导	评价结果
40 min	正确使用工具	10	工具使用不当酌情扣分，并指正	
	安装活塞环	15	按要求酌情扣分，并指正 活塞环折断扣30分	
	安装连杆轴瓦	15	按要求酌情扣分，并指正	
	安装活塞	10	按要求酌情扣分，并指正 活塞安装方向错误扣10分	
	安装连杆盖	15	按要求酌情扣分，并指正 连杆盖方向错误扣15分	
	安装机油泵及链条	5	按要求酌情扣分，并指正	
	安装曲轴前油封端盖	5	按要求酌情扣分，并指正	
	安装曲轴正时齿轮	5	按要求酌情扣分，并指正	
	安装油底壳	10	按要求酌情扣分，并指正	
	整理工具、清理现场	10	每项扣2分，扣完为止	
	遵守相关安全操作规范		因违规操作发生人身和设备事故，终止考核，成绩按0分计 超时每分钟扣2分，超时5 min终止考核	
	分数合计	100		

实训报告：

1. 叙述安装活塞连杆机构的步骤。
2. 活塞环的开口方向有什么要求？

任务 3　安装配气机构

实训目标：

1. 熟悉安装配气机构的操作步骤。
2. 能够按照技术要求安装配气机构。
3. 掌握安装配气机构的注意事项。

实训设备：

1. 桑塔纳 2000AJR 发动机拆装翻转台架 1 台，零件车 1 台，工具车 1 台。
2. 常用工具 1 套，桑塔纳专用工具 1 套，油盆 1 个，抹布若干。
3. 桑塔纳 2000AJR 发动机教材、维修手册 1 套，发动机的相关挂图、图册若干。

技能训练：

一、操作前准备工作

1. 学生将工位清理干净，准备好相关的工具、物品等。

2. 将发动机拆装翻转台架准备好，并安全固定。

3. 如果是第一次安装，需要对照零件的拆卸顺序及记录进行安装，以保证装配时不出错。

提示：

◆培养良好的工作习惯，做好事前准备，有利于安全操作和提高工作效率。

二、气门的安装

1. 安装气门导管。

将气门导管涂上机油后用专用工具从凸轮轴端压入气缸盖到规定位置。

提示：

◆安装气门导管前应检查座孔和气门导管是否合格。

◆气门导管安装为过盈配合，最好用专用工具压入。

	2. 安装气门油封。 将气门油封涂上机油，用专用工具装入。 提示： ◆检查气门油封规格是否符合要求。
	3. 安装气门。 在气门杆上涂上机油，装入气门。 提示： ◆检查气门规格是否符合要求。 ◆区分进、排气门，不要装错。 ◆如若使用原车旧气门，应注意各缸气门不可互换。
	4. 装入气门弹簧。 提示： ◆安装前检查气门弹簧高度是否符合要求。 ◆检查气门弹簧是否有变形、裂纹和折断等损坏情况。
	5. 安装气门锁片。 （1）装入气门弹簧垫。

（2）用专用工具将气门弹簧垫压下。

提示：

◆安装前应检查弹簧垫、锁片是否有磨损、变形、裂纹等损坏情况。

◆使用新锁片时，应检查尺寸规格是否符合要求。

（3）装入气门锁片。

提示：

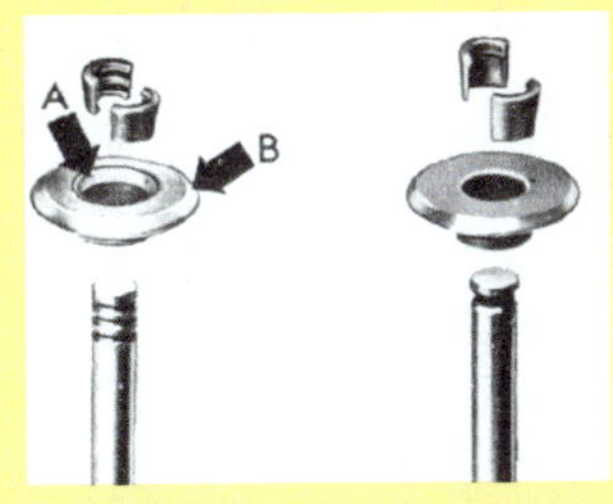

三、凸轮轴的安装

1. 安装液压挺柱。

在液压挺柱的外围涂上机油，依次装入。

提示：

◆安装前应检查液压挺柱是否合格。

◆各缸液压挺柱不可互换。

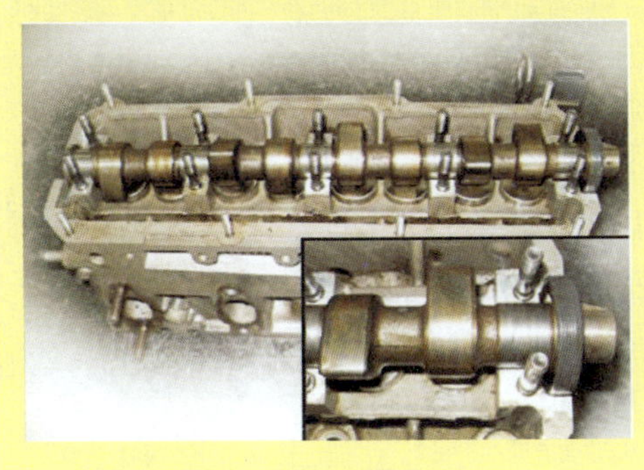

2. 安装凸轮轴。

在凸轮轴轴承表面涂上机油，将1缸的凸轮朝上，装上凸轮轴。

提示：

◆安装前应更换凸轮轴油封。

◆安装凸轮轴前应检查凸轮轴是否合格。

<table>
<tr><td></td><td>3. 先交替对角拧紧 2、4 号轴承盖，后拧紧 1、3 号轴承盖，拧紧力矩为 20 N·m。
提示：
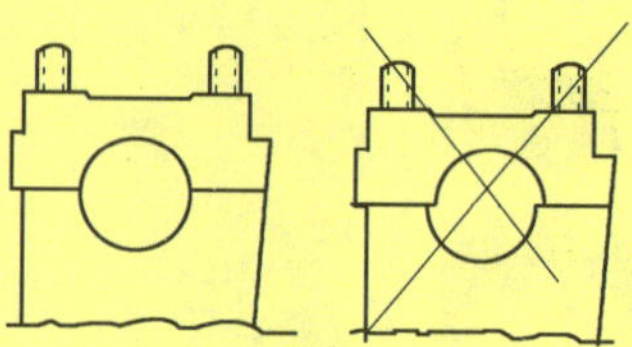</td></tr>
<tr><td></td><td>4. 将半圆键安装到凸轮轴上。</td></tr>
<tr><td></td><td>5. 安装凸轮轴正时齿轮。
装上正时齿轮，拧紧固定螺栓。
提示：
◆正时齿轮固定螺栓拧紧力矩为 100 N·m。</td></tr>
<tr><td colspan="2">四、组装气缸盖</td></tr>
<tr><td></td><td>1. 安装气缸垫。
提示：
◆将 1 缸活塞置于上止点。
◆安装时注意区分气缸垫的正反面。</td></tr>
</table>

<table>
<tr>
<td></td>
<td>2. 安放气缸盖。
提示：
◆放置时，动作一定要轻。
◆注意气缸盖下平面的清洁。
◆注意气缸盖的定位。</td>
</tr>
<tr>
<td>
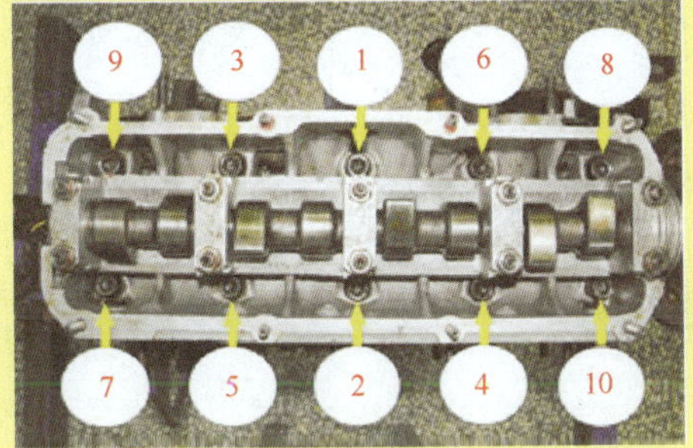
</td>
<td>3. 拧紧气缸盖固定螺栓。
提示：
◆螺栓按由内向外的对角顺序，分 4 次拧紧，拧紧力矩为：
第一次 40 N·m；
第二次 60 N·m；
第三次 75 N·m；
第四次旋转 90°或 1/4 圈。</td>
</tr>
<tr>
<td></td>
<td>4. 安放气门室罩盖密封垫。</td>
</tr>
</table>

	5. 安放机油反射罩。 提示： ◆注意机油反射罩的方向。
	6. 安装气门室罩盖。
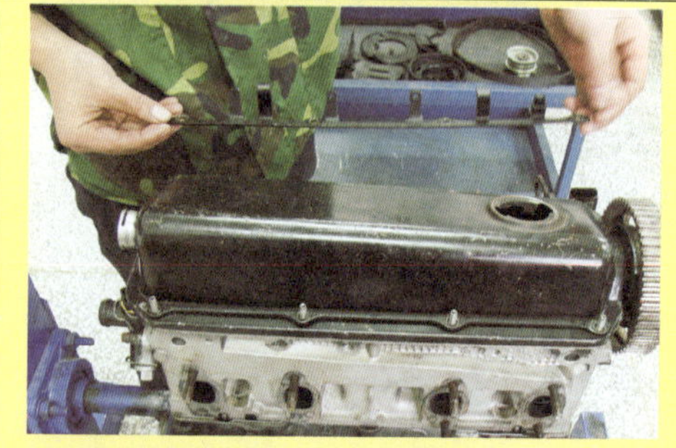 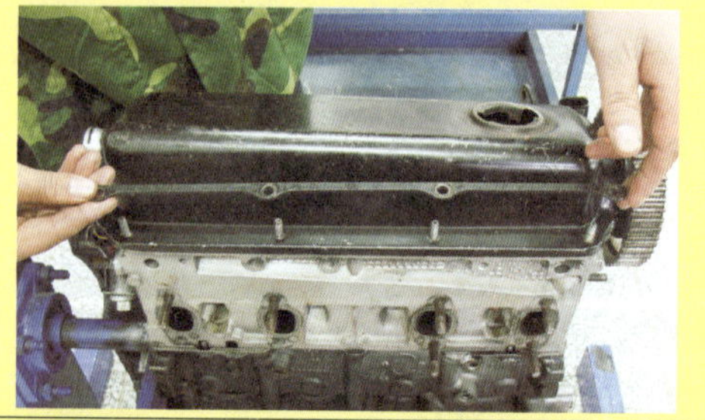	7. 安装气门室罩盖压条。 提示： ◆注意压条的方向，尖端应向后。
	8. 拧紧气门室罩盖压条螺母，并旋上机油加注口盖。 提示： ◆螺栓按由内向外的对角顺序，分 2 ~ 3 次拧紧，拧紧力矩为 15 N · m。

9. 安装凸轮轴正时齿轮后护罩。

提示：

◆螺栓分2~3次拧紧，拧紧力矩为15 N·m。

五、安装正时带

1. 安装正时带后护罩。

提示：

◆依次拧紧固定护罩的两个固定螺栓：
上面螺栓的拧紧力矩为20 N·m；
下面螺栓的拧紧力矩为15 N·m。

2. 安装张紧轮。

提示：

◆螺栓不需拧紧。

	3. 将正时带安装到曲轴正时齿轮上。
	4. 安装正时带下护罩。 提示： ◆螺栓拧紧力矩为 10 N·m。
	5. 安装曲轴带轮。 提示： ◆注意带轮的定位。

6. 拧紧曲轴带轮固定螺栓。

提示：

◆用专用工具固定飞轮。

◆分 2 ~ 3 次对角拧紧带轮 4 个固定螺栓，拧紧力矩为 40 N · m。

7. 将曲轴带轮和凸轮轴正时齿轮上的正时标记对准。

8. 将正时带安装到凸轮轴正时齿轮上。

<table>
<tr><td></td><td>9. 将正时带张紧后，拧紧张紧轮锁紧螺栓。
提示：
张紧轮锁紧螺栓的拧紧力矩为 15N · m。</td></tr>
<tr><td>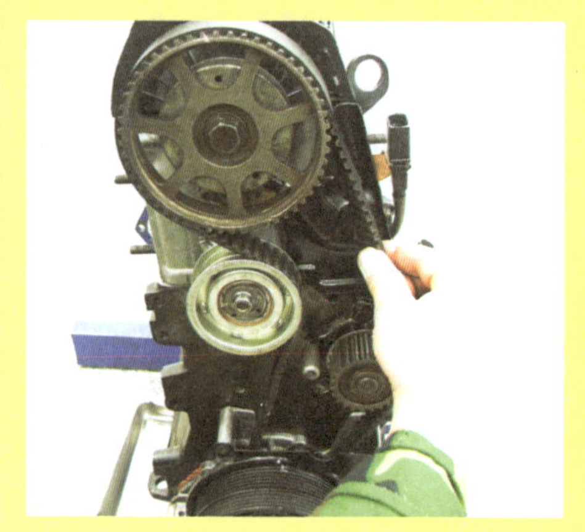</td><td>10. 检查正时带的张紧度。
提示：
用拇指和食指捏住正时带的凸轮轴正时齿轮与冷却液泵带轮的中间位置，以能旋转 90°为宜。</td></tr>
<tr><td></td><td>11. 将曲轴转动两圈后，再次检查正时标记。
提示：
◆如有错位，再次调整，调整后重复本步骤。
◆再次检查，直至标记对准。</td></tr>
</table>

12. 安装正时带中护罩。

提示：

◆依次拧紧固定护罩的 3 个螺栓，拧紧力矩为 10 N · m。

注意：

检查护罩上的上止点记号是否完好。

13. 安装正时带上护罩。

训 练 评 价

考核要求：

1. 在规定的时间内完成发动机配气机构的装配，使之符合技术标准。
2. 在操作过程中出现的违规操作，应及时指正。
3. 符合安全文明生产的要求。

考核标准：

考评标准表——安装配气机构

考核时间	考 核 项 目	分值	评分标准与指导	评价结果
60 min	正确使用工具	10	工具使用不当酌情扣分，并指正	
	安装气门导管及气门油封	8	按要求酌情扣分，并指正	
	安装气门等	16	按要求酌情扣分，并指正	
	安装液压挺柱、凸轮轴、凸轮轴正时齿轮	6	按要求酌情扣分，并指正	
	安装气缸垫	1	按要求酌情扣分，并指正	
	安放气缸盖	20	按要求酌情扣分，并指正	
	安放气门室罩盖	4	按要求酌情扣分，并指正	
	安装凸轮轴正时齿轮后护罩	1	按要求酌情扣分，并指正	
	安装正时带后护罩	1	按要求酌情扣分，并指正	
	安装张紧轮	1	按要求酌情扣分，并指正	
	安装正时带下护罩	1	按要求酌情扣分，并指正	
	安装曲轴带轮	5	按要求酌情扣分，并指正 曲轴带轮定位错误扣 5 分	
	安装正时带	15	按要求酌情扣分，并指正 未对准正时标记扣 15 分	
	安装正时带中护罩、上护罩	1	按要求酌情扣分，并指正	
	整理工具、清理现场	10	每项扣 2 分，扣完为止	
	遵守相关安全操作规范		因违规操作发生人身和设备事故，终止考核，成绩按 0 分计 超时每分钟扣 1 分，超时 10 min 终止考核	
	分数合计	100		

实训报告：

1. 叙述组装气缸盖的注意事项。
2. 叙述安装正时带的注意事项。

任务 4　安装发动机外围部件

实训目标：

1. 熟悉安装发动机外围部件的操作步骤。
2. 能够按照技术要求安装发动机外围部件。
3. 掌握安装发动机外围部件的注意事项。

实训设备：

1. 桑塔纳 2000AJR 发动机拆装翻转台架 1 台，零件车 1 台，工具车 1 台。
2. 常用工具 1 套，桑塔纳专用工具 1 套，油盆 1 个，水盆 1 个，抹布若干。
3. 桑塔纳 2000AJR 发动机教材、维修手册 1 套，发动机的相关挂图、图册若干。

技能训练：

一、操作前准备工作

1. 学生将工位清理干净，准备好相关的工具、物品等。

2. 将发动机拆装翻转台架准备好，并安全固定。

3. 如果是第一次安装，需要对照零件的拆卸顺序及记录进行安装，以保证装配时不出错。

提示：

◆培养良好的工作习惯，做好事前准备，有利于安全操作和提高工作效率。

二、安装节温器

1. 将已安装好机械部分的发动机固定好。

2. 将节温器安装到位，注意节温器的方向不要错。

3. 安装节温器 O 形密封圈。

提示：

◆节温器的感温部分必须在缸体内。

◆用冷却液浸湿新的 O 形密封圈。

◆清洁 O 形密封圈的密封表面。

<table>
<tr><td></td><td>4. 装上节温器壳。</td></tr>
<tr><td></td><td>5. 拧紧节温器壳的 2 个固定螺栓。
6. 安装下冷却液管。
提示：
◆固定螺栓拧紧力矩为 15N · m。
◆下冷却液管与节温器壳为密封连接。</td></tr>
<tr><td colspan="2">三、安装支架</td></tr>
<tr><td></td><td>1. 安装发动机惰轮、压缩机支架。
2. 拧紧 6 个固定螺栓。
提示：
◆固定螺栓拧紧力矩为 25 N · m。</td></tr>
<tr><td colspan="2">四、安装机油滤清器总成</td></tr>
<tr><td></td><td>1. 安装机油滤芯座衬垫。
提示：
◆机油滤芯座衬垫应防止变形，拆卸后应更换。</td></tr>
</table>

2. 安装机油滤芯座。

3. 拧紧机油滤芯座 4 个固定螺栓。

提示：

◆固定螺栓拧紧力矩为 16 N · m。

4. 安装新的机油滤芯。

5. 用机油滤芯扳手拧紧机油滤芯。

提示：

◆安装滤芯前应将滤芯加满机油，同时在密封圈上涂抹一层机油。

◆机油滤芯的拧紧力矩为 20 N · m。

五、安装起动机

1. 将起动机安装在变速器壳体上。

2. 拧紧起动机 3 个固定螺栓。

提示：

◆起动机固定螺栓拧紧力矩为 60 N · m。

3. 安装起动机线束。

（1）安装起动电源线，拧紧固定螺母。

（2）插上起动控制导线插头。

提示：

◆固定螺母拧紧力矩为 13 N · m。

◆起动机电源桩头上应有两根电源线，一根为起动机电源线，一根为发电机电源线。

六、安装排气管

1. 安装排气歧管。

（1）装上排气歧管垫。

（2）装上排气歧管。

（3）拧紧排气歧管 8 个固定螺母。

提示：

◆固定螺母拧紧力矩为 20 N·m。

◆由内到外分 2～3 次拧紧螺母。

注意：

排气歧管垫不可重复使用。

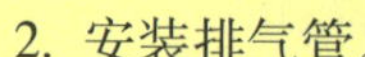

2. 安装排气管。

（1）安装排气管与排气管接口垫。

（2）装上排气管。

（3）拧紧排气管 4 个固定螺母。

提示：

◆固定螺母拧紧力矩为 30 N·m。

◆分 2～3 次对角拧紧螺母。

注意：

排气管接口垫不可重复使用。

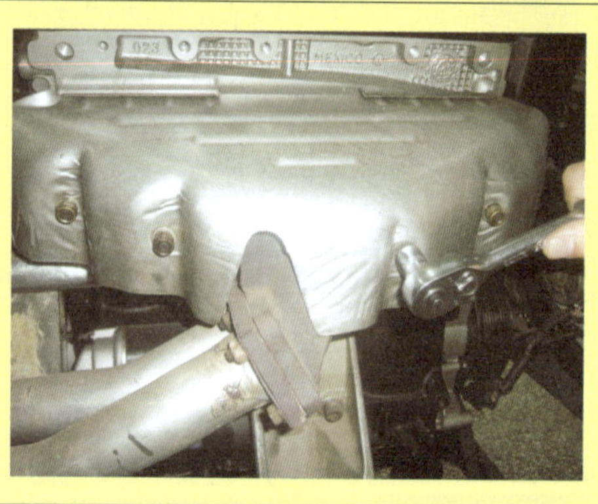

3. 装上排气歧管隔热罩。

提示：

◆分 2～3 次拧紧隔热罩 4 个固定螺母。

◆固定螺母拧紧力矩为 10 N·m。

七、安装进气歧管

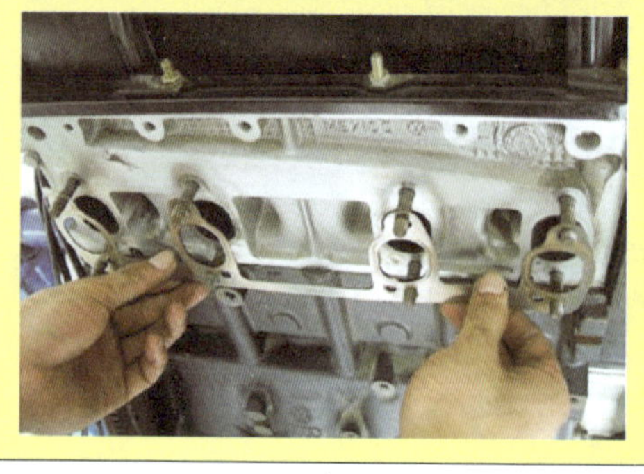

1. 装上进气歧管垫。

提示：

◆注意进气歧管垫正反方向。

◆进气歧管垫应更换。

	2. 装上进气歧管。
	3. 拧紧进气歧管固定螺栓。 提示： ◆进气歧管有 2 个固定螺栓和 6 个固定螺母。 ◆由内到外分 2～3 次拧紧螺母。 ◆固定螺母拧紧力矩为 20 N·m。 注意： 安装前需将喷油器孔用布堵住，以防杂质、灰尘掉入进气歧管。
八、安装喷油器	
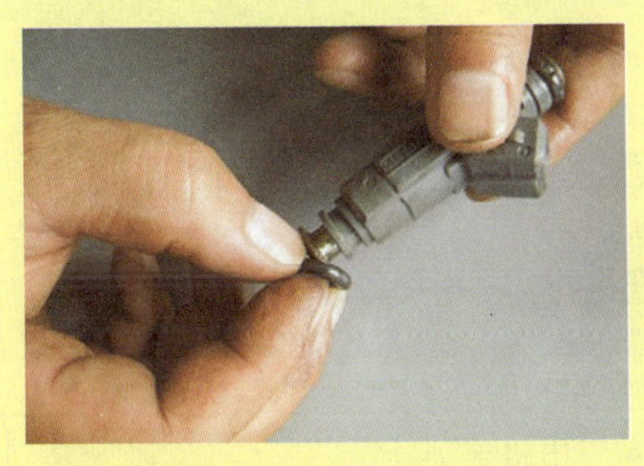	1. 安装喷油器上的 O 形密封圈。 提示： ◆安装密封圈前，先涂抹一遍机油可防止损坏。 注意： 喷油器具有两个密封圈，上部密封圈主要是保证喷油器和燃油分配管密封，防止燃油泄漏；下部密封圈是保证喷油器和进气歧管密封，防止进气歧管漏气。
	2. 将喷油器安装至燃油分配管。 （1）将 1 缸喷油器安装至燃油分配管孔位上，用卡销锁住。 （2）用同样的方法将其余 3 缸喷油器依次装上。 提示： ◆操作时应在干净平面上进行，以防灰尘、杂质将喷油器孔堵住。

<table>
<tr><td>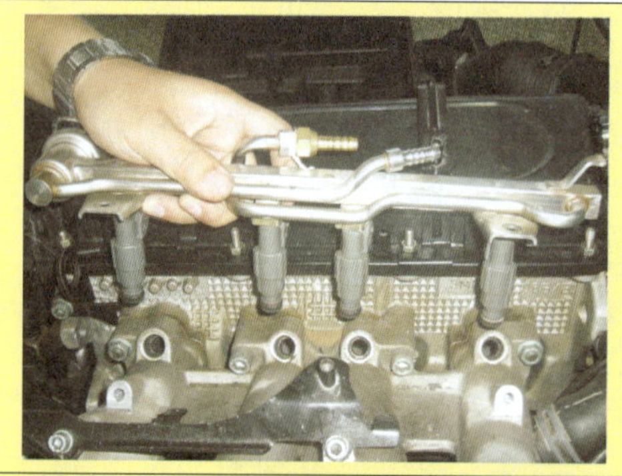</td><td>3. 将装好的喷油器和燃油分配管总成一起安装在进气歧管上。
提示：
◆安装前应检查燃油分配管是否有锈蚀、变形、裂纹等损坏情况，如有应及时更换。
◆检查燃油压力调节器是否损坏。
◆安装时需注意喷油器喷嘴是否安装到位。</td></tr>
<tr><td></td><td>4. 装上燃油分配管 2 个固定螺栓。
5. 装上机油尺。
提示：
◆燃油分配管 2 个固定螺栓的拧紧力矩为 10 N · m。</td></tr>
<tr><td colspan="2">九、安装发电机总成</td></tr>
<tr><td></td><td>1. 安装带张紧器。
（1）装上带张紧器。
（2）拧紧 3 个固定螺栓。
提示：
◆固定螺栓拧紧力矩为 25 N · m。</td></tr>
<tr><td></td><td>2. 安装发电机连接导线。
（1）将发电机放到安装位置上，用 1 个螺栓稍微固定，不拧紧。
（2）安装发电机电源导线，拧紧固定螺母。
（3）安装发电机指示灯导线，拧紧固定螺母。
提示：
◆如先将发电机装配到位，会导致连接线束装配困难。
◆ 发电机后端接线柱符号：
D + 接仪表充电指示灯；
B + 接蓄电池“ + ”。</td></tr>
</table>

<table>
<tr><td></td><td>3. 拧紧发电机固定螺栓。
（1）拧紧发电机上内六角固定螺栓（短）。
（2）拧紧发电机下内六角固定螺栓（长）和螺母。
提示：
◆上内六角固定螺栓（短）的拧紧力矩为 25 N·m。
◆下内六角固定螺栓（长）和螺母的拧紧力矩为 25 N·m。</td></tr>
<tr><td></td><td>4. 安装发电机带。
（1）用专用工具扳住带张紧器。
（2）使用销钉固定住张紧器。
（3）装上发电机带。
（4）取出销钉。
提示：
◆带按顺序绕在曲轴带轮、冷却液泵带轮、转向助力泵带轮、过渡轮和张紧轮上。
◆注意发电机带的方向。</td></tr>
<tr><td></td><td>5. 安装火花塞高压线。
提示：
◆用火花塞高压线专用拆装钳安装 4 根高压线。
◆AJR 发动机 4 根高压线长度不一样。
◆4 缸发动机的点火顺序一般为 1—3—4—2。</td></tr>
<tr><td colspan="2">十、安装冷却液管</td></tr>
<tr><td>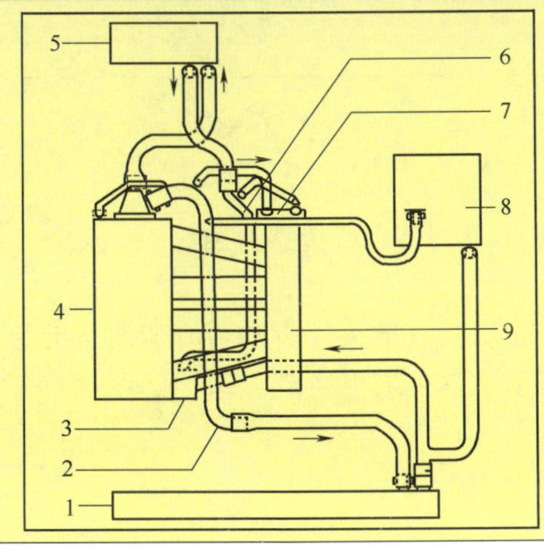
</td><td>冷却系统布置图
1—散热器
2—上冷却液管
3—冷却液泵节温器
4—气缸体
5—暖风系统热交换器
6—下冷却液管
7—节气门体
8—冷却液储液罐
9—进气歧管</td></tr>
</table>

依次装上以下水管：

1. 节气门体上的进气预热水管。
2. 空调暖风水管。
3. 散热器上的冷却液管。

提示：

◆这里的水管及接头较多，要能正确认识每根水管的流向，主要有以下几个：

1. 通往节气门体。
2. 通往空调暖风装置。
3. 通往散热器和冷却液泵。

◆水管安装要用卡箍牢固连接，以防冷却液渗漏。

十一、安装节气门体上的管路及附件，安装进气软管总成

1. 安装节气门预热水管（2 根）。

提示：

◆安装前应检查水管是否有老化、断裂等情况，如有应更换。

◆卡箍应更换新件。

◆操作时应防止杂质进入。

2. 安装节气门体总成传感器插头。

提示：

◆安装前应检查插头针脚是否有弯曲、折断的情况，如有应修复或更换。

<table>
<tr><td></td><td>3. 安装节气门体上各管路和拉索。
（1）进气软管。
（2）活性炭罐过滤器阀的真空管。
（3）制动助力装置的真空管。
（4）节气门拉索。
提示：
安装前应检查各元件是否有老化、变形、破裂等损坏情况，如有应及时更换。</td></tr>
<tr><td></td><td>4. 安装燃油分配管真空管路。
提示：
◆注意检查真空管路中是否有杂质。</td></tr>
<tr><td></td><td>5. 安装气门室盖透气软管。
（1）装上透气软管。
（2）插上软管固定卡销。
提示：
◆安装前检查软管是否畅通。
◆安装后应检查是否漏气。</td></tr>
<tr><td></td><td>6. 安装进气软管总成。
7. 安装空气滤清器。
提示：
◆检查各段卡箍是否紧固。</td></tr>
</table>

十二、安装电控系统传感器和执行器

1. 安装空气流量传感器线束插头。

提示：

◆安装前应检查插头针脚是否有弯曲、折断的情况，如有应修复或更换。

2. 安装散热器热敏开关线束插头。

提示：

◆安装前应检查插头针脚是否有弯曲、折断的情况，如有应修复或更换。

3. 安装机油压力传感器线束插头。

提示：

◆棕色为机油低压传感器（300 kPa）。

◆白色为机油高压传感器（1 800 kPa）。

4. 安装进气温度传感器线束插头。

提示：

◆安装前应检查插头针脚是否有弯曲、折断的情况，如有应修复或更换。

	5. 安装冷却液温度传感器线束插头。 6. 安装空调水温开关插头。 提示： ◆冷却液温度传感器线束插头为黑色 4 针式。 ◆空调水温开关插头为白色 2 针式。
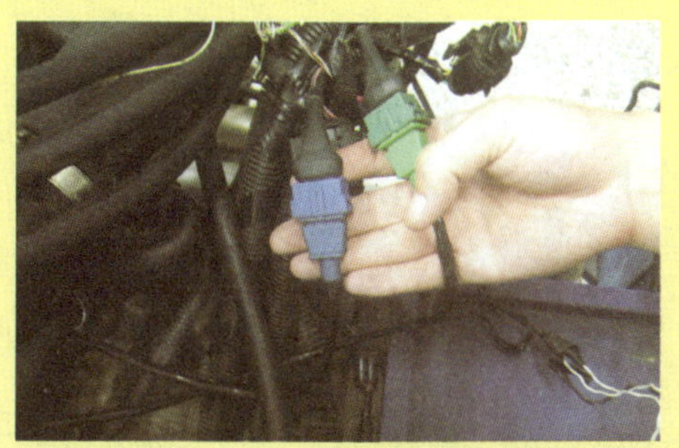	7. 安装转速传感器线束插头。 8. 安装两个爆燃传感器线束插头。 9. 安装氧传感器线束插头。 提示： ◆转速传感器线束插头为白色。 ◆爆燃传感器线束插头为绿色和蓝色。 ◆氧传感器线束插头为黑色。
	10. 安装喷油器线束。
	11. 安装喷油器插头。 提示： ◆安装前应检查插头针脚是否有弯曲、折断的情况，如有应修复或更换。 ◆安装插头时应注意方向和顺序。

12. 安装凸轮轴位置传感器线束插头。

提示：

◆安装前应检查插头针脚是否有弯曲、折断的情况，如有应修复或更换。

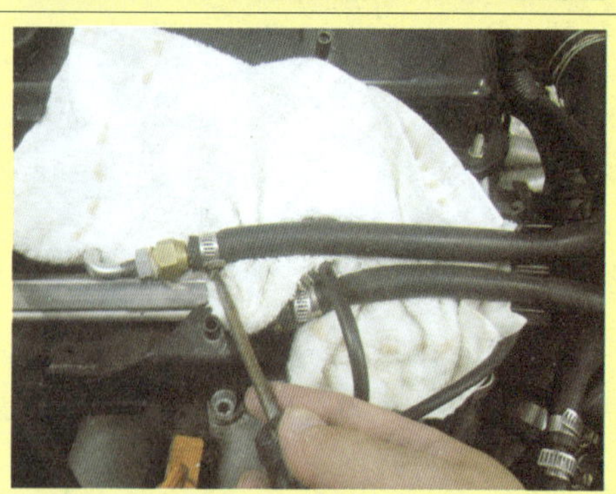

13. 安装进油管和回油管。

提示：

◆正确区分进、回油管，不能接错。

◆油管卡箍应拧紧。

十三、连接电源

1. 安装蓄电池。

（1）连接蓄电池正极柱导线。

（2）连接蓄电池负极柱导线。

提示：

◆蓄电池极柱要求牢固可靠。

◆极柱要求无锈和无腐蚀。

◆正负极不能接错。

注意：

连接电源前应检查各电路是否连接牢固，有无附件漏接或错接。

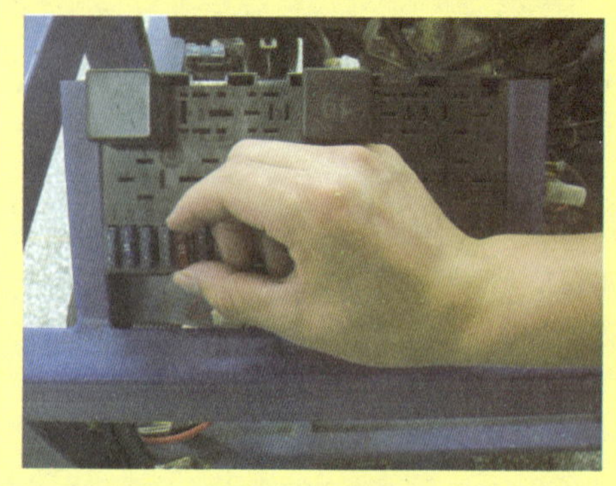

2. 找到熔丝继电器插座板，安装燃油泵熔丝（10 A，红色）。

提示：

◆判断熔丝状态，可用万用表电阻挡检测，也可直接用肉眼观察。

训练评价

考核要求：

1. 在规定的时间内完成发动机外围部件的装配，使之符合技术标准。
2. 在操作过程中出现的违规操作，应及时指正。
3. 符合安全文明生产的要求。

考核标准：

考评标准表——安装发动机外围部件

考核时间	考 核 项 目	分值	评分标准与指导	评价结果
60 min	正确使用工具	10	工具使用不当酌情扣分，并指正	
	安装节温器	2	按要求酌情扣分，并指正	
	安装发动机惰轮、压缩机支架	2	按要求酌情扣分，并指正	
	安装机油滤清器总成	4	按要求酌情扣分，并指正	
	安装起动机总成	3	按要求酌情扣分，并指正	
	安装排气歧管、排气管	10	按要求酌情扣分，并指正	
	安装进气歧管	6	按要求酌情扣分，并指正	
	安装喷油器	6	按要求酌情扣分，并指正	
	安装发电机总成	3	按要求酌情扣分，并指正	
	安装冷却液管	10	按要求酌情扣分，并指正	
	安装节气门体上的管路及附件	4	按要求酌情扣分，并指正	
	安装进气软管总成	5	按要求酌情扣分，并指正	
	安装电控系统传感器和执行器	15	按要求酌情扣分，并指正	
	连接电源	10	按要求酌情扣分，并指正	
	整理工具、清理现场	10	每项扣 2 分，扣完为止	
	遵守相关安全操作规范		因违规操作发生人身和设备事故，终止考核，成绩按 0 分计 超时每分钟扣 2 分，超时 5 min 终止考核	
	分数合计	100		

实训报告：

叙述安装进、排气管的注意事项。

任务5 发动机运行调试

实训目标：

1. 能正确地选用冷却液和机油，并进行加注、检查。
2. 能对节气门组件进行匹配。
3. 掌握气缸压缩压力的检查方法。
4. 能对发动机进行运行试验，并判断发动机工作是否正常。

实训设备：

1. 桑塔纳2000AJR发动机拆装翻转台架1台，零件车1台，工具车1台。
2. 常用工具1套，桑塔纳专用工具1套，油盆1个，水盆1个，抹布若干。
3. 桑塔纳2000AJR发动机教材、维修手册1套，发动机的相关挂图、图册若干。

技能训练：

一、操作前准备工作

1. 学生将工位清理干净，准备好相关的工具、物品等。

2. 将发动机拆装翻转台架准备好，并安全固定。

3. 如果是第一次安装，需要对照零件的拆卸顺序及记录进行安装，以保证装配时不出错。

提示：

◆培养良好的工作习惯，做好事前准备，有利于安全操作和提高工作效率。

二、外围部件安装和连接的检查

1. 检查发动机外围各机械部件的连接是否可靠。
2. 检查发动机电路、气路、油路的连接是否可靠。

三、检查蓄电池	
	1. 检查蓄电池极柱是否连接牢固。 提示： ◆如出现极柱松动应及时紧固，如有锈蚀应及时用砂纸打磨。
	2. 检查蓄电池电压。 提示： ◆若电压不足应充电或更换蓄电池。

四、加注机油	
	1. 打开机油加注口盖。
	2. 从加注口注入机油。 提示： ◆必须使用 API 标号 SJ 级或 SJ 级以上的机油。

	3. 拧紧机油加注口盖。
	4. 检查机油液位。 提示： ◆将发动机静置 3 min，检查液位，机油液位应位于机油尺刻度线中部偏上，不足需添补。 ◆起动发动机运行 5 ~ 10 min 后，静置 3 min，检查液位，机油液位应位于机油尺刻度线中部，不足需添补。
五、加注冷却液	
	1. 拧开膨胀壶盖。 提示： ◆桑塔纳 2000AJR 发动机散热器水箱上无加液口，加注冷却液从膨胀壶口加入。
	2. 加注冷却液。 提示： ◆必须使用 TLVW774D 标准的防冻防腐液 G12（红色）。

3. 冷却液液位检查。

提示：

◆冷却液需缓慢添加，反复挤压上、下水管，使发动机及散热器水箱中的空气排净。

◆运转发动机 10 min，待冷却后检查冷却液液位，应处于刻度线中间。

六、仪表检查

打开点火开关，检查仪表板各指示灯。

提示：

◆发动机防盗指示灯应闪亮 3 s 后熄灭。

◆机油压力指示灯应不停闪亮。

◆蓄电池指示灯应常亮。

◆冷却液液位指示灯应闪亮后熄灭。

◆燃油箱表应有显示。

注意：

点火开关打开后应听到燃油泵工作的声音，否则需检查燃油泵电路。

七、节气门匹配

1. 在点火开关关闭的情况下连接解码器。

2. 打开点火开关，打开解码器菜单，检查发动机有无故障码，有故障码需进行故障排除。

3. 选择“发动机系统”。

4. 选择“系统基本调整”功能。

5. 输入调整组号：098。

提示：

◆在更换节气门或发动机修理后需进行节气门匹配，以消除 ECU 记忆。

八、检查发动机气缸压缩压力

	1. 用压缩空气吹净火花塞孔周围的灰尘、杂质。 提示： ◆将发动机运转至正常工作温度（80～90℃）后熄火进行。
	2. 用高压线拔线钳拆下4缸火花塞高压线。
	3. 依次拆下4个火花塞。
	4. 拔下转速传感器插头。 提示： ◆发动机转速传感器插头拔掉，将使ECU接收不到转速信号，就不会产生点火和喷油信号。

5. 将气缸压力表连接在 1 缸火花塞孔上，起动发动机 3 ~ 5 s，待压力表数值不再上升时，读取该数值，即为 1 缸压缩压力。

6. 用同样的方法测取其他 3 缸的压缩压力。

提示：

◆气缸压缩压力标准值为 1 000 ~ 1 300 kPa。

◆一般测量 3 次，各缸压力差不大于 3%（极限 10%），单缸气缸压缩压力不低于标准值 80%。

◆测试时应保证蓄电池的电压在 13 V 以上，发动机的转速没有明显变化。

九、运行检查

1. 起动发动机，检查其起动性能。

（1）冷车起动：要求在环境温度低于 -5℃时能顺利起动。

（2）热车起动：要求发动机正常工作温度下，5 s 内能起动。

2. 检查燃油压力。

桑塔纳 2000AJR 发动机燃油压力标准值为（250 ±20）kPa，否则应检查其原因。

3. 检查发动机运行工况。

起动发动机，运转至正常工作温度（80 ~ 95℃）。

（1）检查发动机运转工况：要求发动机怠速运转稳定，转速波动在 50 r/min 内。

（2）检查转速变化工况：要求发动机转速改变时应过渡圆滑，突然加速或减速时，不得有爆燃、断火、回火、放炮等现象。

4. 检查发动机运转时有无异响。

5. 检查发动机机油压力、冷却液温度和机油温度。

机　　型	桑塔纳 2000AJR 发动机
冷却液正常温度（℃）	85 ~ 95
机油压力（kPa）	怠速时，大于 30 kPa；2000 r/min 时，大于 200 kPa
机油正常温度（℃）	60 ~ 85

6. 检查发动机进气歧管真空度。

要求发动机怠速时，进气歧管真空度为 57 ~ 70 kPa。

7. 检查发动机排放。

要求发动机排放符合现行的国家标准。

8. 检查发动机“四漏”情况。

要求发动机无漏水、漏油、漏气、漏电现象。

训练评价

考核要求：

1. 在规定的时间内对发动机进行调试，使之符合技术标准。
2. 在操作过程中出现的违规操作，应及时指正。
3. 符合安全文明生产的要求。

考核标准：

考评标准表——发动机运行调试

考核时间	考 核 项 目	分值	评分标准与指导	评价结果
90 min	正确使用工具	10	工具使用不当酌情扣分，并指正	
	外围部件安装和连接的检查	10	按要求酌情扣分，并指正	
	检查蓄电池	2	按要求酌情扣分，并指正	
	加注机油	5	按要求酌情扣分，并指正	
	加注冷却液	5	按要求酌情扣分，并指正	
	仪表检查	3	按要求酌情扣分，并指正	
	节气门匹配	5	按要求酌情扣分，并指正	
	检查发动机气缸压缩压力	20	按要求酌情扣分，并指正	
	运行检查	30	按要求酌情扣分，并指正	
	整理工具、清理现场	10	每项扣 2 分，扣完为止	
	遵守相关安全操作规范		因违规操作发生人身和设备事故，终止考核，成绩按 0 分计 超时每分钟扣 2 分，超时 5 min 终止考核	
	分数合计	100		

实训报告：

1. 发动机运行检查的项目有哪些？它们的要求是什么？
2. 叙述检查气缸压缩压力的操作步骤及注意事项。

课题四 零部件的更换

任务1 更换节温器

实训目标：

1. 了解节温器的作用。
2. 了解节温器损坏后的故障现象。
3. 能够完成节温器的更换。
4. 掌握更换节温器的注意事项。

实训设备：

1. 桑塔纳2000AJR发动机拆装翻转台架1台，零件车1台，工具车1台。
2. 常用工具1套，桑塔纳专用工具1套，水盆1个，抹布若干。
3. 桑塔纳2000AJR发动机教材、维修手册1套，发动机的相关挂图、图册若干。

相关知识：

节温器的作用是根据冷却液的温度自动调节进入散热器的水量，改变冷却液的循环范围，以调节冷却系的散热能力，保证发动机在合适的温度范围内工作。

节温器必须保持良好的技术状态，否则会严重影响正常工作。如节温器主阀门开启过迟，就会引起发动机过热；主阀门开启过早，则使发动机预热时间延长，使发动机温度过低。当发动机开始冷车运转时，水箱的上水室进水管处如还有冷却液流出，则说明节温器的主阀门不能关闭；当发动机冷却液温度超过70℃时，水箱的上水室进水管处无冷却液流出，则说明节温器主阀门不能正常开启，这时就需要进行修理。

技能训练：

一、操作前准备工作	
	1. 学生将工位清理干净，准备好相关的工具、物品等。 2. 将发动机拆装翻转台架准备好，并安全固定。

二、排放冷却液

1. 将散热器下水管的卡箍松开，拉开水管，让冷却液流入盆中。

提示：

◆保证冷却液的清洁，以便回收使用。

注意：

待冷却液冷却后方可进行本步骤操作，以防烫伤。

2. 打开储液罐盖。

提示：

◆在放水的同时需将储液罐盖打开，以便冷却液能及时流尽。

三、拆卸发电机

1. 关闭点火开关。

2. 拆下蓄电池负极导线。

（1）拧松蓄电池负极柱螺栓，取下负极导线。

（2）使之可靠离开负极柱。

提示：

◆其目的是避免在拆卸发电机的过程中造成电路短路事故发生。

	3. 松开发电机带。 用专用工具扳住带张紧器，松开发电机带。
	4. 取出发电机带。 提示： ◆发电机带上需做好标记，以便安装。
	5. 拆卸发电机带张紧器。 （1）拧下带张紧器的 3 个固定螺栓。 （2）取下带张紧器。
	6. 拆卸发电机固定螺栓。 提示： ◆发电机的上、下各有一个固定螺栓。

	7. 拆卸发电机连线，并取下发电机。
四、拆卸节温器	
	1. 松开节温器盖上的水管卡箍，拔下水管。 提示： ◆用手握住水管接头处，将水管拔下。
	2. 拆卸节温器盖固定螺栓。
	3. 取下节温器盖。

4. 取出节温器盖密封圈。

提示：

◆该密封圈不可重复使用。

5. 取出节温器。

五、更换节温器，装回其他部件

1. 更换节温器。
2. 更换节温器后，按与拆卸步骤相反的顺序安装其他部件。

提示：

◆安装节温器时，注意节温器的方向。

◆密封圈不可重复使用，安装时需更换新的密封圈。

◆各螺栓拧紧力矩：

节温器壳固定螺栓拧紧力矩为 15 N · m；

发电机固定螺栓拧紧力矩为 25 N · m；

带张紧器固定螺栓拧紧力矩为 25 N · m。

◆发电机后端接线柱符号：

“D +” 接仪表充电指示灯；

“B +” 接蓄电池 “ + ”。

注意：

发动机运行前，必须检查冷却液液面高度。

发动机运行 10 min 后，检查节温器盖和水管的安装部位是否泄漏冷却液。

训 练 评 价

考核要求：

1. 在规定的时间内对节温器进行更换，使之符合技术标准。
2. 在操作过程中出现的违规操作，应及时指正。
3. 符合安全文明生产的要求。

考核标准：

考评标准表——更换节温器

考核时间	考 核 项 目	分值	评分标准与指导	评价结果
30 min	正确使用工具	10	工具使用不当酌情扣分，并指正	
	排放冷却液	5	按要求酌情扣分，并指正	
	拆卸发电机带	5	按要求酌情扣分，并指正	
	拆卸发电机带张紧器	2	按要求酌情扣分，并指正	
	拆卸发电机	10	按要求酌情扣分，并指正	
	拆卸水管	3	按要求酌情扣分，并指正	
	更换节温器	20	按要求酌情扣分，并指正	
	安装发电机	15	按要求酌情扣分，并指正	
	安装发电机带张紧器	2	按要求酌情扣分，并指正	
	安装发电机带	3	按要求酌情扣分，并指正	
	加注冷却液	15	按要求酌情扣分，并指正	
	整理工具、清理现场	10	每项扣2分，扣完为止	
	遵守相关安全操作规范		因违规操作发生人身和设备事故，终止考核，成绩按0分计 超时每分钟扣2分，超时5 min终止考核	
	分数合计	100		

实训报告：

1. 节温器的作用是什么？它损坏后有哪些故障现象？
2. 叙述更换节温器的操作步骤及注意事项。

任务2　更换气缸垫

实训目标：

1. 了解气缸垫损坏后引起的故障现象。
2. 能够完成气缸垫的更换。
3. 掌握更换气缸垫的注意事项。

实训设备：

1. 桑塔纳 2000AJR 发动机拆装翻转台架 1 台，零件车 1 台，工具车 1 台。
2. 常用工具 1 套，桑塔纳专用工具 1 套，油盆 1 个，水盆 1 个，抹布若干。
3. 桑塔纳 2000AJR 发动机教材、维修手册 1 套，发动机的相关挂图、图册若干。

相关知识：

常见气缸垫烧蚀是由于高温高压燃气冲击气缸垫，烧坏包口、护圈及石棉板，将导致气缸漏气，润滑油、冷却液窜漏。

气缸垫烧蚀的故障现象如下：

1. 气缸垫的两缸缸沿之间烧损。

发动机动力不足，汽车行驶无力，加速性差，取下空滤器，发动机怠速时，进气管口可听见“啪啪”声。

2. 气缸垫烧损部位与水套孔相通。

水箱冒气泡、开锅，排气冒白烟。

3. 气缸垫烧损部位与油道相通。

部分机油会窜入缸内烧蚀掉，排气冒蓝烟。

4. 气缸垫烧损部位与外部大气环境相通。

发动机动力性差，经济性恶化，并且从气缸垫的破损处发出剧烈的“噼噼”声。

技能训练：

一、操作前准备工作（具体步骤参照课题一任务 2）

1. 学生将工位清理干净，准备好相关的工具、物品等。
2. 将发动机拆装翻转台架准备好，并安全固定。
3. 燃油供给系统泄压。
4. 关闭点火开关，拆下蓄电池的负极导线。
5. 将发动机的冷却液和机油排净。

提示：

◆保证机油和冷却液清洁，以便回收使用。

注意：

本项操作需待发动机冷却后进行，以防烫伤。

<table>
<tr><th colspan="2">二、拆卸外围部件</th></tr>
<tr><td></td><td>1. 拆卸进气总管和曲轴箱通风管。</td></tr>
<tr><td></td><td>2. 拆卸气缸盖上的水管。
提示：
◆共有 4 根水管。</td></tr>
<tr><td></td><td>3. 拔下冷却液温度传感器插头。
提示：
◆该插头为 4 针式。
◆位于发动机后端出水三通处。
4. 拔下空调水温开关插头。
提示：
◆该插头为白色 2 针式。
◆该插头位于发动机后端出水三通管的下方。</td></tr>
<tr><td></td><td>5. 拔下 4 根高压线。
用火花塞高压线专用拆装钳依次拆下 4 根高压线。
提示：
◆AJR 发动机 4 根高压线长度不同，对应不同的缸。</td></tr>
</table>

	6. 拔下凸轮轴位置传感器和 4 个喷油器插头，取下整个线束。 提示： ◆拔插头时，先用手将两侧卡子捏住，然后往外拉。 ◆不得拉拽导线。
	7. 断开进油管和回油管。 （1）用螺钉旋具拧松油管卡箍螺栓。 （2）依次拔下进油管和回油管。 提示： ◆断开油管时用干净毛巾将油管接头包住，以防燃油泄漏。 ◆进、回油管可根据箭头标记区分。
	8. 在油管上插上堵头。 提示： ◆用堵头插入断开的油管内，以减少燃油渗漏，防止污物进入油管而污染燃油。
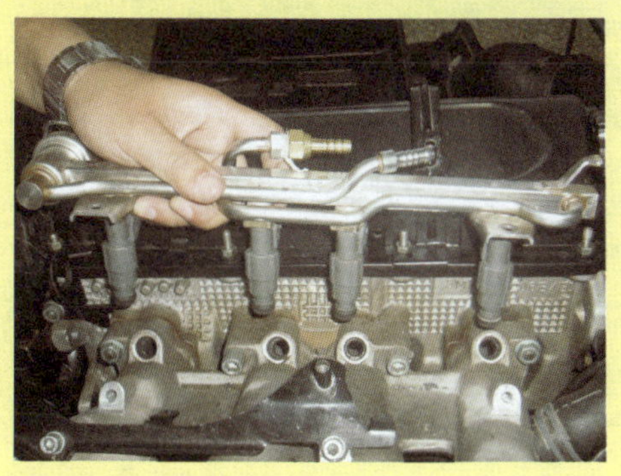	9. 拆下燃油分配管总成。 （1）拧下燃油分配管的两个固定螺栓。 （2）将燃油分配管连同喷油器一同取下。

	10. 拔下氧传感器插头。 提示： ◆该插头位于发动机里侧。 ◆用手捏住插头后端卡子，拔出插头。
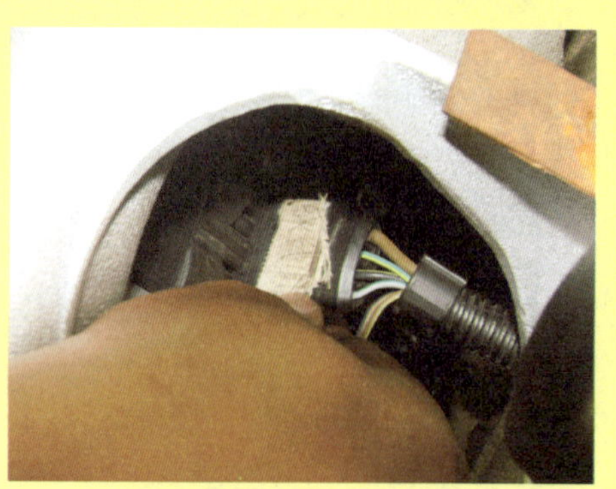	11. 拔下点火模块插头。 提示： ◆该插头为 4 针式。 ◆位于进气歧管的背面，拔插头时要注意技巧。
	12. 拔下节气门传感器插头、真空管和加热水管。 （1）用手捏住插头卡子，拔下节气门传感器插头。 （2）用鲤鱼钳夹住水管卡箍，依次拆卸两根预热水管。
	13. 拔出机油尺和支架。

三、拆卸发电机	
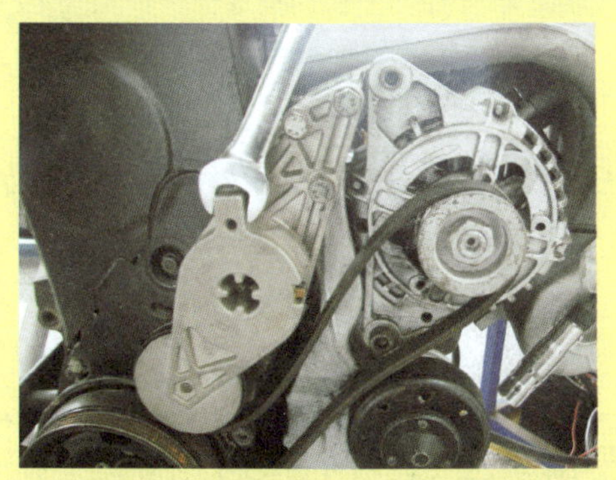	1. 松开发电机带。 用专用工具扳住带张紧器，松开发电机带。
	2. 取出发电机带。 提示： ◆发电机带上需做好标记，以便安装。
	3. 拆卸带张紧器。 提示： ◆张紧器上有 3 个固定螺栓。
	4. 拆卸发电机固定螺栓。 提示： ◆发电机的上、下各有一个固定螺栓。

	5. 拆卸发电机连线，并取出发电机。
四、拆卸进、排气管	
	1. 拆卸进气歧管固定螺栓。 提示： ◆拆卸螺栓时，需要由外向内对角分 2 ~ 3 次拧松。
	2. 取出进气歧管。
	3. 取出进气歧管密封垫。 注意： 进气歧管密封垫不可重复使用。

	4. 拆下排气管隔热罩。 依次拧下隔热罩 4 个固定螺栓，拆下排气管隔热罩。 提示： ◆隔热罩位于排气歧管上。 ◆主要起排气隔热作用。
	5. 拆卸排气管固定螺栓。 提示： ◆拆卸固定螺栓时，需要对角分 2～3 次拧松。
	6. 取下排气管。
	7. 取下排气管接口垫。 注意： 排气管接口垫不可重复使用。

	8. 拆卸排气歧管固定螺栓。 提示： ◆拆卸螺栓时，需要由外向内对角分 2～3 次拧松。
	9. 取下排气歧管。
	10. 取下排气歧管密封垫。 注意： 排气歧管密封垫不可重复使用。
五、拆卸正时带	
	1. 拆下正时带上护罩。 （1）分别取下两侧的护罩搭扣。 （2）先稍用力提拉一下，然后取下护罩。

	2. 拆下正时带中护罩。 （1）依次拧下固定护罩的 3 个螺栓。 （2）取下护罩。 提示： ◆检查护罩上的上止点记号是否完好。
 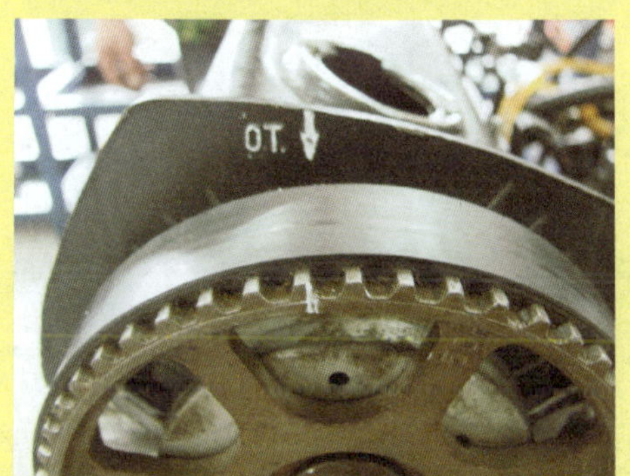 	3. 对准正时标记。 提示： ◆曲轴带轮和凸轮轴正时齿轮上各有一个标记。
	4. 松开正时带张紧轮。

	5. 将正时带从凸轮轴正时齿轮上取下。 注意： ◆正时带上不可沾水、沾油。 ◆正时带不可折、不可压重物。
	6. 拆卸正时带后护罩。 （1）依次拧下固定护罩的两个固定螺栓。 （2）取下护罩。
	7. 拆卸张紧轮。

六、拆卸气门室罩盖

	1. 拆卸凸轮轴正时齿轮后护罩。 （1）依次拧下固定护罩的两个固定螺栓。 （2）取下护罩。

<table>
<tr><td></td><td>2. 拆卸气门室罩盖压条固定螺母，并取下压条。</td></tr>
<tr><td></td><td>3. 取下气门室罩盖。</td></tr>
<tr><td></td><td>4. 取下气门室罩盖密封垫。</td></tr>
<tr><td></td><td>5. 取下机油反射罩。</td></tr>
</table>

七、拆卸气缸盖

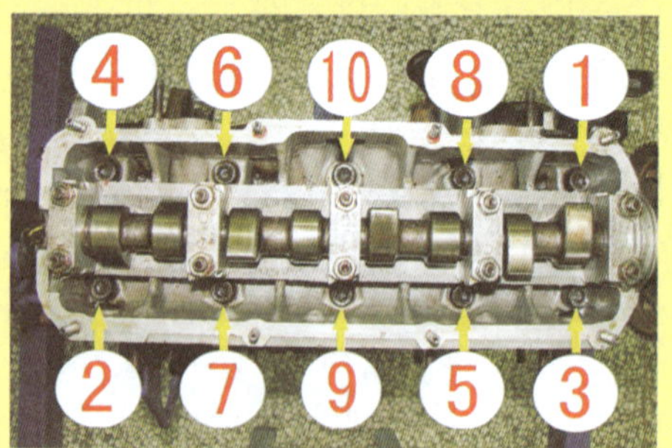

1. 拆卸气缸盖固定螺栓。

提示：

◆按照图中编号 1～10 的顺序，依次分 2～3 次拧下气缸盖固定螺栓。

2. 取出气缸盖固定螺栓。

提示：

◆依次用套筒或吸棒取出气缸盖固定螺栓。

◆注意每个螺栓对应的位置不要搞错。

3. 抬下气缸盖。

提示：

◆气缸盖应摆放在软木块上。

4. 取出气缸垫。

八、更换气缸垫，装回其他部件

1. 更换气缸垫。
2. 更换新的气缸垫后，按与拆卸步骤相反的顺序安装其他部件。

提示：

◆气缸盖固定螺栓按由内向外对角的顺序，分 4 次拧紧。
拧紧力矩为：
第一次 40 N · m；
第二次 60 N · m；
第三次 750 N · m；
第四次旋转 90°或 1/4 圈。

◆安放气缸盖时，动作一定要轻，并保证气缸盖下平面清洁。

◆安装气门室罩盖压条时需注意压条的方向（尖端向后）。

◆拧紧气门室罩盖压条固定螺母时，按由内向外对角的顺序，分 2 ~ 3 次拧紧，力矩为 15 N · m。

◆安装凸轮轴正时齿轮后护罩固定螺栓时，分 2 ~ 3 次拧紧，力矩为 15 N · m。

◆正时带后护罩两个固定螺栓的拧紧力矩为：
上面的螺栓拧紧力矩为 20 N · m；
下面的螺栓拧紧力矩为 15 N · m。

◆张紧轮锁紧螺栓拧紧力矩为 15 N · m。

◆检查正时带的张紧度，用拇指和食指捏住凸轮轴正时齿轮与水泵带轮中间的正时带，以能旋转 90°为宜。

◆正时带中护罩固定螺栓拧紧力矩为 10 N · m。

注意：

（1）安装正时带前，必须仔细检查正时标记，并转动曲轴两周后再次检查正时标记。
（2）发动机起动前必须检查润滑油、冷却液的液位。
（3）发动机运行 10 min 后，检查发动机是否有漏水、漏油、漏气现象。

训练评价

考核要求：

1. 在规定的时间内对气缸垫进行更换，使之符合技术标准。
2. 在操作过程中出现的违规操作，应及时指正。
3. 符合安全文明生产的要求。

考核标准：

考评标准表——更换气缸垫

考核时间	考核项目	分值	评分标准与指导	评价结果
90 min	正确使用工具	5	工具使用不当酌情扣分，并指正	
	燃油供给系统泄压	3	按要求酌情扣分，并指正	
	排放冷却液、机油	1	按要求酌情扣分，并指正	
	拆卸外围部件	10	按要求酌情扣分，并指正	
	拆卸发电机带、发电机带张紧器和发电机	2	按要求酌情扣分，并指正	
	拆卸进、排气管	4	按要求酌情扣分，并指正	
	拆卸正时带上、中护罩和正时带	2	按要求酌情扣分，并指正	
	拆卸正时带后护罩、张紧轮	1	按要求酌情扣分，并指正	
	拆卸凸轮轴正时齿轮后护罩和气门室罩盖	1	按要求酌情扣分，并指正	
	取下气门室罩盖密封垫和机油反射罩	1	按要求酌情扣分，并指正	
	拆卸气缸盖	8	按要求酌情扣分，并指正	
	更换气缸垫	1	按要求酌情扣分，并指正	
	安装气缸盖	10	按要求酌情扣分，并指正	
	安装机油反射罩和气门室罩盖密封垫	1	按要求酌情扣分，并指正	
	安装气门室罩盖和凸轮轴正时齿轮后护罩	1	按要求酌情扣分，并指正	
	安装张紧轮、正时带后护罩	1	按要求酌情扣分，并指正	
	安装正时带和正时带上、中护罩	15	按要求酌情扣分，并指正 正时标记未对准扣 15 分	

续表

考核时间	考 核 项 目	分值	评分标准与指导	评价结果
90 min	安装进、排气管	8	按要求酌情扣分，并指正	
	安装发电机、发电机带及发电机带张紧器	3	按要求酌情扣分，并指正	
	安装外围部件	10	按要求酌情扣分，并指正	
	加注冷却液、机油	2	按要求酌情扣分，并指正	
	整理工具、清理现场	10	每项扣2分，扣完为止	
	遵守相关安全操作规范		因违规操作发生人身和设备事故，终止考核，成绩按0分计 超时每分钟扣1分，超时10 min终止考核	
	分数合计	100		

实训报告：

1. 气缸垫的作用是什么？
2. 气缸垫损坏后有哪些故障现象？
3. 更换气缸垫前的准备工作有哪些？
4. 叙述更换气缸垫的操作步骤和注意事项。

任务3 更换喷油器

实训目标：

1. 了解喷油器损坏后引起的故障现象。
2. 能够完成喷油器的更换。
3. 掌握更换喷油器的注意事项。

实训设备：

1. 桑塔纳2000AJR发动机拆装翻转台架1台，零件车1台，工具车1台。
2. 常用工具1套，桑塔纳专用工具1套，抹布若干。
3. 桑塔纳2000AJR发动机教材、维修手册1套，发动机的相关挂图、图册若干。

相关知识：

喷油器的常见故障有以下几种：

1. 喷油器粘滞

该故障原因是针阀与阀座的间隙被残存的粘胶物堵塞，致使吸动柱塞升起的动作发涩，达不到规定的针阀开启速度，影响正常的喷油量。喷油器发生粘滞故障后，发动机出现怠速不稳、起动困难、加速性能变差等现象。

2. 喷油器堵塞

喷油器发生堵塞后，发动机起动困难、运转不稳、怠速熄火、加速性能变差，甚至造成发动机喘抖，导致机件异常磨损。由于喷油器堵塞的程度不同、堵塞的状况不同，发动机出现故障的早期现象也不同。

3. 喷油器泄漏

喷油器发生内部泄漏后，发动机耗油量明显增加，而且发动机动力性变差，排气 HC 值增高。另外，由于喷油器内部泄漏造成喷射雾化不好，引起发动机运转不平稳，混合气燃烧不完全，排气冒黑烟。喷油器发生外部泄漏后，发动机起动困难、怠速熄火、动力性下降、耗油量猛增、运转喘抖和加速困难。

4. 喷油器电磁线圈烧断

若电磁线圈烧断，喷油器燃油喷射工况中断，造成发动机无法运转。

5. 喷油器电磁线圈短路

短路故障发生后，只要接通点火开关，喷油器就一直喷油。在起动发动机时，由于油量过多，造成火花塞被淹而无法起动，就算发动机勉强能起动，发动机运转工况也异常恶化，燃油消耗量过高，混合气过浓，产生爆燃而引起发动机喘抖，造成机械磨损加剧。另外，过量的汽油还会在排气中燃烧，废气排放超限，严重冒黑烟，HC 值极高，甚至损坏三元催化转化器。

6. 喷油器电磁线圈老化

喷油器电磁线圈老化是指线圈阻抗值增加，造成脉冲控制电流在老化的线圈上受阻，导致线圈产生的电磁吸力不足，影响喷油的喷射效果。当电磁线圈老化后，发动机起动困难、怠速不稳、加速性能变差。

技能训练：

<table>
<tr><th colspan="2">一、操作前准备工作（具体步骤参照课题一任务 2）</th></tr>
<tr><td></td><td>1. 学生将工位清理干净，准备好相关的工具、物品等。
2. 将发动机拆装翻转台架准备好，并安全固定。
3. 燃油供给系统泄压。
提示：
◆培养良好的工作习惯，做好事前准备，有利于安全操作和提高工作效率。</td></tr>
<tr><th colspan="2">二、拆卸燃油分配管</th></tr>
<tr><td></td><td>1. 拔下凸轮轴位置传感器插头。
提示：
◆该插头位于凸轮轴齿轮的外侧。
◆拔插头时要注意技巧，不得乱拔乱拽。</td></tr>
<tr><td></td><td>2. 依次拔下 4 个喷油器插头，取下整个线束。
提示：
◆拔插头时，先用手将两侧卡子捏住，然后往外拉。
◆不得拉拽导线。</td></tr>
</table>

	3. 拔下火花塞高压线。 用火花塞高压线专用拆装钳依次拆下 4 根高压线。 提示： ◆AJR 发动机 4 根高压线长度不同，对应不同的缸。
	4. 拆卸两根燃油分配管的固定螺栓。
	5. 取下燃油分配管。 提示： ◆取出燃油分配管后需要用干净的布挡住进气歧管上的喷油器孔，以防灰尘掉入。
三、更换喷油器，装回其他部件	
	1. 用尖嘴钳拔出固定喷油器的卡子。

2. 从燃油分配管上拔出喷油器。

3. 润滑待更换喷油器的 O 形密封圈。

提示：

◆喷油器两端各有一个 O 形密封圈。

◆在 O 形密封圈上涂抹润滑油，是为了防止安装喷油器时损坏密封圈。

4. 将更换的喷油器安装到燃油分配管上。

提示：

◆将喷油器对正后，安装到位。

5. 用卡子将喷油器固定。

6. 按与拆卸顺序相反的步骤安装其他部件。

提示：

◆高压线的安装顺序是1—3—4—2。

◆安装燃油分配管时，需仔细检查各个喷油器的位置是否对正，以防损坏喷油器。

◆燃油分配管固定螺栓拧紧力矩为10 N·m。

训 练 评 价

考核要求：

1. 在规定的时间内对喷油器进行更换，使之符合技术标准。
2. 在操作过程中出现的违规操作，应及时指正。
3. 符合安全文明生产的要求。

考核标准：

考评标准表——更换喷油器

考核时间	考 核 项 目	分值	评分标准与指导	评价结果
30 min	正确使用工具	10	工具使用不当酌情扣分，并指正	
	燃油供给系统泄压	20	按要求酌情扣分，并指正	
	拔下凸轮轴位置传感器插头	1	按要求酌情扣分，并指正	
	拔下喷油器插头	2	按要求酌情扣分，并指正	
	拔下火花塞高压线	2	按要求酌情扣分，并指正	
	拆卸燃油分配管	5	按要求酌情扣分，并指正	
	更换喷油器	25	按要求酌情扣分，并指正 密封圈上不涂油扣25分	
	安装燃油分配管	10	按要求酌情扣分，并指正	
	接火花塞高压线	2	按要求酌情扣分，并指正	
	接喷油器插头	2	按要求酌情扣分，并指正	
	接凸轮轴位置传感器插头	1	按要求酌情扣分，并指正	
	运行后检查	10	按要求酌情扣分，并指正	
	整理工具、清理现场	10	每项扣2分，扣完为止	
	遵守相关安全操作规范		因违规操作发生人身和设备事故，终止考核，成绩按0分计 超时每分钟扣2分，超时5 min终止考核	
	分数合计	100		

实训报告：

1. 叙述喷油器损坏后的故障现象。
2. 叙述更换喷油器的注意事项。
3. 叙述更换喷油器的操作步骤。

任务 4 更换传感器

实训目标：

1. 了解冷却液温度传感器、节气门体、空气流量传感器、氧传感器、爆燃传感器、进气温度传感器损坏后引起的故障现象。

2. 能够完成冷却液温度传感器、节气门体、空气流量传感器、氧传感器、爆燃传感器、进气温度传感器的更换。

3. 掌握更换冷却液温度传感器、节气门体、空气流量传感器、氧传感器、爆燃传感器、进气温度传感器的注意事项。

实训设备：

1. 桑塔纳 2000AJR 发动机拆装翻转台架 1 台，零件车 1 台，工具车 1 台。
2. 常用工具 1 套，桑塔纳专用工具 1 套，水盆 1 个，抹布若干。
3. 桑塔纳 2000AJR 发动机教材、维修手册 1 套，发动机的相关挂图、图册若干。

相关知识：

冷却液温度传感器发生故障，会导致发动机起动困难，而且车辆起动后还会出现怠速不稳、排气管冒黑烟和收油门容易熄火等故障现象。

节气门体发生故障，会导致发动机怠速居高不下、怠速不稳、易熄火、尾气排放超标、高速游车、踩加速踏板时感觉发闷等故障现象。

进气温度传感器发生故障，会导致发动机起动困难、怠速不稳、油耗过高、尾气排放超标等故障现象。

氧传感器发生故障，会导致发动机油耗和排气污染增加、怠速不稳、缺火、喘振等故障现象。

爆燃传感器发生故障，会导致发动机动力不足，油耗增高、尾气排放超标、发动机工作粗暴、怠速不稳等故障现象。

空气流量传感器发生故障，会导致无法起动、起动后又熄火、加速无力、冒黑烟、无法跑到最高车速、没有怠速、油耗增高和尾气排放超标等故障现象。

技能训练：

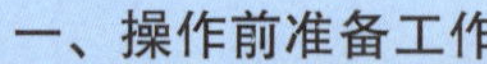

一、操作前准备工作

	1. 学生将工位清理干净，准备好相关的工具、物品等。 2. 将发动机拆装翻转台架准备好，并安全固定。 提示： ◆培养良好的工作习惯，做好事前准备，有利于安全操作和提高工作效率。

二、更换冷却液温度传感器

	1. 关闭点火开关，拆下蓄电池负极导线。 提示： ◆具体步骤参照课题一任务 2。
	2. 将发动机的冷却液排净。 提示： ◆具体步骤参照课题一任务 2。 注意： 本项操作必须在发动机冷却后进行，以防烫伤。
	3. 拆下进气总管软管。 提示： ◆松开进气总管软管上节气门一端的卡箍，并取下进气总管软管。

	4. 拔下冷却液温度传感器插头。 提示： ◆该插头为4针式。 ◆用手捏住插头后端卡子，拔出插头。
	5. 用尖嘴钳拔出冷却液温度传感器的U形卡。
	6. 取出冷却液温度传感器。

7. 更换冷却液温度传感器后，按与拆卸步骤相反的顺序安装其他部件。

提示：

◆起动发动机前，必须检查冷却液液面高度。

◆运行发动机10 min后，检查冷却液温度传感器安装部位是否泄漏冷却液。

<table>
<tr><th colspan="2">三、更换节气门体</th></tr>
<tr><td></td><td>1. 关闭点火开关，拆下蓄电池负极导线。
提示：
◆具体步骤参照课题一任务 2。</td></tr>
<tr><td></td><td>2. 将发动机的冷却液排净。
提示：
◆具体步骤参照课题一任务 2。
注意：
本项操作必须在发动机冷却后进行，以防烫伤。</td></tr>
<tr><td></td><td>3. 拆下进气总管软管。
提示：
◆松开进气总管软管上节气门一端的卡箍，并取下进气总管软管。</td></tr>
<tr><td></td><td>4. 拔下曲轴箱通风管。</td></tr>
</table>

	5. 松开进气总管上的卡箍。
	6. 取出进气总管。
	7. 拔下节气门传感器插头。 用手捏住插头卡子，拔下节气门传感器插头。 提示： ◆节气门传感器插头共有 7 个针脚，位于节气门体上。

<table>
<tr><td></td><td>8. 拆下节气门体上的加热水管、真空管。
提示：
◆节气门体上共有 2 根加热水管和 2 根真空管。
◆较细的真空管连接燃油压力调节器，较粗的真空管连接炭罐电磁阀。</td></tr>
<tr><td></td><td>9. 拆卸节气门体的固定螺栓。
提示：
◆共有 4 个固定螺栓。
◆拆卸螺栓时对角分 2 ~ 3 次拆卸。</td></tr>
<tr><td></td><td>10. 取出节气门体和密封垫。</td></tr>
<tr><td colspan="2">11. 更换节气门体后，按与拆卸步骤相反的顺序安装其他部件。
提示：
◆安装节气门体固定螺栓时，应对角分 2 ~ 3 次拧紧，拧紧力矩为 20 N · m。
◆起动发动机前，必须检查冷却液液面高度。
◆发动机运行前，需用解码仪对新的节气门体进行匹配（具体步骤参照课题 3 任务 5）。
◆发动机运行 10 min 后，检查节气门体加热水管安装部位是否泄漏冷却液。</td></tr>
</table>

四、更换进气温度传感器	
	1. 关闭点火开关，拆下蓄电池负极导线。 提示： ◆具体步骤参照课题一任务 2。
	2. 拔下进气温度传感器插头。
	3. 拆卸进气温度传感器的固定螺栓。
	4. 取出进气温度传感器。

5. 更换进气温度传感器后，按与拆卸步骤相反的顺序安装其他部件。

提示：

◆进气温度传感器固定螺栓的拧紧力矩为 15 N · m。

◆安装新的进气温度传感器时，注意不要将油污沾到传感器的热敏电阻上。

五、更换氧传感器

	1. 关闭点火开关，拆下蓄电池负极导线。 提示： ◆具体步骤参照课题一任务 2。
	2. 拔下氧传感器插头。
	3. 用呆扳手拆卸氧传感器。 注意： 待排气管冷却后方可拆卸，以防烫伤。

4. 取出氧传感器。

提示：

◆观察氧传感器的顶尖：
淡灰色顶尖，这是氧传感器的正常颜色；
白色顶尖，由硅污染造成的；
棕色顶尖，由铅污染造成的；
黑色顶尖，由积炭造成的。

5. 更换氧传感器后，按与拆卸步骤相反的顺序安装其他部件。

提示：

◆氧传感器的拧紧力矩为 50 N·m。

六、更换爆燃传感器

1. 关闭点火开关，拆下蓄电池负极导线。

提示：

◆具体步骤参照课题一任务 2。

2. 拔下爆燃传感器插头。

	3. 拆卸爆燃传感器的固定螺栓。 提示： ◆AJR 发动机上装有两个爆燃传感器。 ◆爆燃传感器安装在发动机左侧缸体上。 ◆安装在 1 缸和 2 缸之间的为一号爆燃传感器，安装在 3 缸和 4 缸之间的为二号爆燃传感器。 注意： 待发动机冷却后方可拆卸，以防烫伤。
4. 更换爆燃传感器后，按与拆卸步骤相反的顺序安装其他部件。 提示： ◆爆燃传感器固定螺栓的拧紧力矩为 20 N · m。 注意： 若不按规定力矩拧紧爆燃传感器，将导致传感器不能正常工作。	
七、更换空气流量传感器	
	1. 关闭点火开关，拆下蓄电池负极导线。 提示： ◆具体步骤参照课题一任务 2。
	2. 拔下空气流量传感器插头。

	3. 松开进气总管软管上空气流量传感器端的卡箍。
	4. 拔下进气总管软管。
	5. 拆卸空气流量传感器的固定螺栓。
	6. 取下空气流量传感器。

7. 更换空气流量传感器后，按与拆卸步骤相反的顺序安装其他部件。

提示：

◆空气流量传感器固定螺栓的拧紧力矩为 10 N · m。

训练评价

考核要求：

1. 在规定的时间内对指定传感器进行更换，使之符合技术标准。
2. 在操作过程中出现的违规操作，应及时指正。
3. 符合安全文明生产的要求。

考核标准：

考评标准表——更换传感器

考核时间	考核项目	分值	评分标准与指导	评价结果
60 min	正确使用工具	10	工具使用不当酌情扣分，并指正	
	排放冷却液	5	按要求酌情扣分，并指正	
	更换冷却液温度传感器	10	按要求酌情扣分，并指正	
	更换节气门体	30	按要求酌情扣分，并指正	
	更换进气温度传感器	5	按要求酌情扣分，并指正	
	更换氧传感器	10	按要求酌情扣分，并指正	
	更换爆燃传感器	10	按要求酌情扣分，并指正	
	更换空气流量传感器	10	按要求酌情扣分，并指正	
	整理工具、清理现场	10	每项扣 2 分，扣完为止	
	遵守相关安全操作规范		因违规操作发生人身和设备事故，终止考核，成绩按 0 分计 超时每分钟扣 2 分，超时 5 min 终止考核	
	分数合计	100		

实训报告：

1. 叙述更换节气门体的操作步骤及注意事项。
2. 叙述更换冷却液温度传感器的操作步骤及注意事项。
3. 冷却液温度传感器、节气门体、空气流量传感器、氧传感器、爆燃传感器、进气温度传感器发生故障后的故障现象是什么？